黒澤明が描こうとした山本五十六

映画「トラ・トラ・トラ！」制作の真実

谷光 太郎

芙蓉書房出版

プロローグ　黒澤明と山本五十六

二〇世紀に入って、世界の人々に知られた日本人は日露戦争時（一九〇四年〜一九〇五年）のゼネラル・ノギとアドミラル・トーゴーであった。日本の代名詞といえば、フジヤマとゲイシャ・ガールだったが、戦後、ソニーやホンダとなり、二〇世紀は映画の時代でもあったから、それ以上に日本の代名詞になったのがクロサワであった。

一九五〇年代は映画の黄金時代と言われ、日本映画界でも溝口健二、小津安二郎らの巨匠が活躍し、ハリウッド映画は世界中で歓迎された。映画は二〇世紀が生んだ最大の表現方式だと言われる。二〇世紀のあらゆる芸術の中で映画ほど時代を代表する斬新さを持ったものは存在しなかった。絵画、建築、彫刻、音楽等は過去に起源を持ち、過去を描き、過去の遺産を刷新しているものだ。唯一、映画のみが「二〇世紀の芸術」と称するに値する、と言えるのではあるまいか。

二〇世紀中頃の世界的に有名な日本人は映画監督の黒澤明となろう。欧米の人々は日本の首相の名前など知らないものの、黒澤の名前を知る人は多い。映画はイメージと音との組み合わせなので、絵画や音楽が世界に通用する共通語であるように、映画も世界に通用する共通語となった。

黒澤が死んだ時、東宝の松岡功会長は「今世紀は映画の世紀であると同時に黒澤明の世紀でもあった」と弔辞で語った。黒澤の院号は「映明院殿紘国慈愛大居士」。映明院殿は、映画の映と名前の明を採ったものだろうし、紘国慈愛大居士の紘国とはインターナショナル即ち国際性で、慈愛は作品に流れるヒューマニズムとの意味が含まれており、黒澤の功績を端的に現している。

二〇世紀はその初頭に発明された飛行機が驚くべき大発展を遂げた時代でもあった。海軍界においては、飛行甲板を持つ航空母艦が誕生し、海の重要な兵力となったのもこの世紀であって、航空艦隊を世界で最初に編成したのは日本海軍。この二〇世紀において最大の戦力となった航空艦隊を活用し、従来の海の王者戦艦艦隊を壊滅させるという軍事史上のエポック・メーキングを主導したのが山本五十六だった。

やがて、日本海軍は壊滅し、映画界は衰退期を迎える。山本五十六は海軍の空軍化を指導して真珠湾奇襲という太平洋戦争のハイライトを実現させたものの、長期戦化による海軍航空の減耗、戦力劣化の中でソロモン上空において敵機と交戦、飛行機上で戦死した。また、黒澤は日本映画界の隆昌と衰退を身を以て体験すると共に、ハリウッド映画で山本五十六の悲劇を描こうとし、意見対立やハリウッドの撮影スケジュールと戦って疲労困憊の末に降板された。

映画が昔のように熱気を帯びた黄金時代を迎えることは、もうなかろう。日本海軍が世界に冠たる存在として世界政治の中で覇権を競う時代も今では考えられない。黒澤明や山本五十六のような存在感のある世界的人物は残念ながら、その背景の喪失から映画界や軍事界では当分輩出しないだろう。

画家、彫刻家、作曲家、工芸家といった個人芸術家は、気が済むまで修正を加えて作品を作ることが出来る。しかし、映画監督は別だ。いい脚本はないかと探したり、共同で脚本を書いたり、商業主義のプロデューサーと折衝し、一〇〇人を超すスタッフを手足のように使い、巨大な金と時間を注ぎ込まないと名画面で全篇を埋め尽くすことは出来ない。至難というか不可能に近い仕事を黒澤はやり遂げた。そのためには才能が必要なことはもちろんだが、それ以上に映画に対する凄まじい愛着、タフでスケールの豊かな実行力、とことんまで粘り抜き、僅かな欠点でも見逃さず修正し、完全な映像を造形する執念等が必要だ。

画家・彫刻家のような個人的芸術分野は、今後も大芸術家が現れるだろうことは間違いあるまい。しかし、巨額予算、時間を要し、多くのスタッフが必要不可欠の上、観客動員数が減る一方の映画の世界ではもう無理だろう。それ以上に、海軍という厖大な国家予算を注いで構成される海軍では、大海軍の存在しない限り山本五十六提督のような人の出現は不可能である。かつての、いわば良き時代が黒澤明や山本五十六を生んだのだ。

本書は、山本五十六の悲劇をハリウッド映画「トラ・トラ・トラ！」で描こうとして挫折した黒澤明の悲劇物語であるが、一方で「トラ・トラ・トラ！」の米国側主将キンメル太平洋艦隊長官やスターク海軍作戦部長も、若い頃の偶然からルーズベルトの愛顧を受けたという運命に導かれ、大統領になったルーズベルトのお声がかりによって先任者を何十人も超える大抜擢を受け、自身の見識・力量を超える重職に就いたため米海軍史上に汚点を残す悲劇の主人公になったことも主題である。

軍人の子弟で山本五十六に好意を持っていた黒澤は、「トラ・トラ・トラ！」の制作にあたって「この映画は二つの国の誤解の記録である。偉大なエネルギーの浪費の記録であり、根本的には悲劇であることが土台だ」と宣言し、日本を叩く手段として必ず引合いに出される「真珠湾を忘れるな（リメンバー・パールハーバー）」や「騙し討ち（スニーク・アタック）」とのアメリカ側言い分を変えようと考えた。「この映画を観たら『騙し討ち』だなんてもう誰にも言わせない。この映画で日米の喉にひっかかったトゲを抜きたい。この映画は天皇陛下にも観て戴く。スペクタクルとしてではなく悲劇として描く」、「とにかく、歴史にどーんと残るどっしりした映画を作る。一〇〇年や二〇〇年で古くなるような映画ならいらないよ」と異常な執念を燃やして打ち込んだが、中途でハリウッド側から解雇通知を受ける。

なぜ、黒澤が「トラ・トラ・トラ！」で降板を余儀なくされたのか。これを知るためには、黒澤の生い立ち、性格、それに彼の映画制作の特色や黒澤のスタッフ（いわゆる黒澤組）を知らねばならないし、ハリウッド側首脳陣やハリウッド式映画制作の特徴も知る必要がある。「トラ・トラ・トラ！」のハイライトである真珠湾奇襲攻撃を知るためには、山本五十六の個性、経歴、戦略眼の特色を知らねばならず、山本が戦った当時の米海軍首脳陣と米海軍を「マイネービー」と豪語した米海軍の大独裁者ルーズベルト大統領を知ることが不可欠である。

別の言い方をすれば、山本五十六と当時の米海軍首脳陣並びにルーズベルト大統領を知れば、太平洋戦争の理解が一層深まるともいっても過言でない。

映画において脚本の占める要素は極めて重要だ。活動写真（映画）の黎明期にマキノ・プロダクションを創設したマキノ省三は、「活動写真で大事なのは、一に筋（すじ、脚本）、二に抜け（キャメラマンの技量）、三に役者」と言い、黒澤も「脚本は苗のようなもので、苗が悪ければ、良い稲には育たない」と言った。黒澤の脚本への打ち込みの経歴と、彼が世界的に知られるようになった作品「羅生門」がどのようにして出来たかは、黒澤を知る基本的要素の一つである。

女優司葉子は黒澤の「用心棒」に出演した。司は政治家の相沢英之と結婚。相沢が経済企画庁長官時代、OECD大会に出席したことがある。二〇人の代表の夫人が昼食会に招かれた時のことだ。昼食会では、黒澤映画でもちきりだった。司が黒澤映画に出演したことがあると言ったら、「エエッ」という視線が司に集中して、「黒澤とはどんな人か」などと質問の嵐となり、食事どころでなかった、と司は言う。

アメリカやフランスで黒澤の評価が高い一例を挙げておこう。

女優香川京子は黒澤映画に五本出演した。「赤ひげ」撮影中、読売新聞社会部記者と結婚した香川は、その後、夫の海外転勤に従ってニューヨークに住むこととなった。当時、ニューヨークでは、テレビで「天国と地獄」が放送されていたし、ブロードウエーの映画館では「用心棒」が吹き替えで上映されていた。

「デルス・ウザーラ」が公開された時、黒澤映画研究家西村雄一郎はパリにいた。劇場内でのフランス人の熱気を感じると共に、フランスでのクロサワの大きさをいやと言うほど見せつけられた。「七人の侍」、「羅生門」、「生きる」の三本はフランスで何度となく上映されていたが、側に日本人がいると知ると、日本のこと、クロサワのことをさかんに聞いてくる。黒澤映画に詳しい作家小林信彦は「影武者」公開時、ニューヨークにいた。ニューヨークであたかも凱旋将軍のように黒澤は迎えられていたし、ジョージ・ルーカスと共にテレビに出ていた。

黒澤は、西洋古典を翻案して日本化した作品を作って世界を驚かせると共に、彼の作品は逆に翻案化されて西洋映画にもなった。ハリウッド映画に影響を与えた数少ない外国人でもあった。日本映画研究家のオーディ・ボックは「黒澤明は翻案の天才だ。それが映画監督としての彼の最大の武器だ」と言った。

現在では、黒澤のように世界的に知られていないが、山本五十六も、米国内では「知る人ぞ知る」の存在である。筆者は民間会社勤務時代、国立系研究所に出向し、ワシントンに所用で出張した機会を利用して、国際学会で知り合った米海軍の文官に会うため、阿川弘之著『山本五十六』の英訳本 *The Reluctant Admiral* を手土産にペンタゴンに行ったことがあった。山本五十六は言うまでもなく、日米開戦時の聯合艦隊司令長官。日米戦争となれば尋常一様の作戦では対処出来ないとして、誰もが考えなかった航空艦隊によるハワイ真珠湾米主力艦隊を奇襲攻撃壊滅させる計画を軍令部や麾下艦隊首脳陣からの猛反対を押し切って、実行させた提督だ。

黒澤明と山本五十六との間に生前に直接のコンタクトはない。山本が明治一七年四月四日生れに対して黒澤は同四三年三月二三日生れだから、二六歳の年齢差がある。もちろん、当然ながら、新聞やラジオで山本提督のことは知っていた。黒澤の父は陸軍の体育教官でその教え子が、徴兵司令官だった縁もあったのだろうか、黒澤は徴兵から外されて軍隊の経験はない。真珠湾奇襲後に、助監督だった黒澤の所属する映画会社東宝は総力を挙げて「ハワイ・マレー沖海戦」を撮影していた。黒澤の恩師山本嘉次郎監督は撮影所内にハワイ・オアフ島や真珠湾の大模型セットを作り、得意の特映技術（特撮監督は円谷《つぶらや》英二）を駆使した映画を制作しており、制作現場を黒澤も覗いていたことだろう。この映画は、予科練を希望する少年が念願の予科練に合格して猛訓練の後、雷撃機搭乗員となって真珠湾作戦やマレー沖海戦に参加する物語だ。

戦後になって、黒澤には山本五十六をハリウッド映画で描くという機会が訪れた。これが黒澤と山本との映画制作上での会合であった。

黒澤と山本五十六に共通していたのは、その関わりの深さは別としても、書と将棋。山本は多忙な時間の合間に揮毫し、これは山本にとって一服の清涼剤の役目をはたしていた。長官時代には息抜きに戦務参謀渡辺安治中佐とよく将棋を指した。黒澤も将棋が好きで、共同でシナリオを書くことの多かった小国英雄と将棋盤に向かうことが多かったし、新聞に載っている詰将棋は愉しみの一つだった。小学校時代に書道塾に通い、絵ほどではないが監督になってからも習字に筆を執っていた。その他、両者の共通点は人の好き嫌いが人一倍激しかったことを挙げることも出来る。

士官名簿の順位を特別重視する当時の海軍省人事局の意向により山本は、乾坤一擲《けんこんいってき》のハワイ奇襲作戦に、嫌っていた航空作戦に素人同然の南雲忠一中将を使用せざるを得なかった。そして、その後の太平洋戦争の潮目の変りとなったミッドウエー作戦にも南雲に指揮を執らせざるを得なかったのは山本の悲劇だった。南雲中将も山本から嫌われているのを知っていた。「トラ・トラ・トラ！」の米国側監督に「海底二万哩」、「ミクロの決死圏」、「ドリトル先生不思議な旅」等を撮ったリチャード・フライシャーがなったことに黒澤は憤激した。フライシャーの映画を見たことのある黒澤は「ミクロ野郎」と呼んで特別にフライシャーを嫌っていた。ハリウッドのプロデューサーは「クロサワがあれほどフライシャーを嫌うとは予想していなかった」と嘆いた。

黒澤は映画の黄金時代に映画監督になったものの、映画の最盛期は短期間で終焉を迎える。映画の観客動員は「秋の夕陽はつるべ落とし」の如く、黒澤が「隠し砦の三悪人」を作った昭和三三年には映画館入場者数は史上最大の一一億三〇〇〇万人だったものの、一二年後の「どですかでん」を公開した昭和四五年には四分の一以下の二億五〇〇〇万人まで落ち込んだ。昭和三七年にはテレビの受信者契約数が一〇〇〇万台を突破し、九年後の昭和四六年にはＮＨＫが全放送のカラー化を開始した。このような映画退潮時期の昭和四一年から同四三年にかけハリウッド映画「トラ・トラ・トラ！」で山本五十六の悲劇を描こうと黒澤は悪戦苦闘したものの、昭和四三年暮の五八歳時、撮影中に解雇される屈辱を受けた。昭和四六年一二月には、前年の「どですかでん」の興行失敗もあり黒澤は自殺未遂事件を起し、同じ一二月には「羅生門」を撮った大映が不渡り手形を出して倒産した。黒澤がソ連政府から全面的支援を受けた

「デウス・ウザーラ」で復活するのは昭和五〇年まで待たねばならなかった。

黒澤の生涯は、成功と失敗、栄光と悲惨の生涯だった。助監督として仕えたこともあり、黒澤をよく知る森谷司郎は「黒澤さんの偉大な映画の歴史は『一将の功成って万骨枯る』ということの累積なんだ」と言った。これも、山本五十六の生涯との類似点がある。日露戦争時、日本海海戦で完勝した東郷平八郎大将や秋山真之《さねゆき》中佐参謀は歓呼に迎えられて凱旋帰国したが、山本は太平洋戦争中途で「昭和の秋山真之」と称された樋端久利雄《といばなくりお》中佐参謀と同乗機でソロモンの露と消えた。

「僕は映画を作る以外、何も出来ない。仕事していない時が一番つらい」と黒澤は言っていた。映画産業が凋落期を迎え、黒澤個人も映画界の非情な荒海に放り出された。

「トラ・トラ・トラ！」の降板を含めて「どですかでん」までの五年間という歳月の浪費はどれほど苦痛なものだったか。その頃の黒澤は極度の孤独感に陥っていた。「友達は金にならないと思うと離れて行く」「電話一本よこさない」と口にするようになった。赤坂の黒澤プロダクション事務所に来ても険しい目付きで一点を見詰め、普段あまり見せない貧乏ゆすりをしていた（「天気待ち」）。

黒澤作品の集大成と自分で言った「赤ひげ」の完成から、ハリウッドの荒波に翻弄されて五年間、その後、挽回を期して作った「どですかでん」では興行成績不良となった。「デルス・ウザーラ」までの昭和五一年から同五四年までの三年間はウイスキー（サントリー・リザーブ）のCM出演で辛うじて生活した。テレビのCMといっても、そこはさすが黒澤で、御殿場の別荘居間を背景に、人間国宝黒田辰秋作の分厚く重厚な欅製木彫入りの椅子に腰かけてウイスキーグラスを手にする映像だった。やがてシベリアの苛酷な条件の下、「デルス・ウザーラ」を完成させ、その後も大作「影武者」や「乱」を作った。

偶然ではあろうが、黒澤の処女作「姿三四郎」が公開されたのは昭和一八年三月、その一カ月後の四月に山本五十六はソロモンの上空で戦死した。山本の国葬日は六月五日。

非凡な芸術家黒澤にも、日本海軍の英雄となった山本五十六にも、凡庸な人にはない強い個性と自分の職務に対する鋭い先見の明はあったが、両者の類似性は、共にアメリカと戦い、破れたことであったとも言える。山本五十六は米海軍と戦い、最前線での作戦指導中敵機と交戦、戦死した。黒澤は、ハリウッド映画を制作中、ハリウッド式やり方とぶつかって、悪戦苦闘の末、解雇される。黒澤は五九歳で戦場の華と散ったが、黒澤は健康・長命により、持てる才能を全開した芸術家。黒澤は美食家、愛飲家で、よく食い、よく飲み、よく仕事をし、女性関係には淡泊だった。もちろん、芸術家と政治家の違いはあるが、長命、美食の大食漢、愛飲家で大酒飲み、文筆家としても大量の著作を残し、女性に淡泊だったチャーチルと類似点がある。チャーチルは映画が好きで、第二次大戦の超多忙な時代でも週末は別荘で秘書官らと映画を楽しんでいた。後述するが、戦後もたまたまベネチア国際映画祭に参加し、グランプリを取った黒澤の「羅生門」を激賞した。山本が戦った米海軍の大独裁者フランクリン・ルーズベルトは成人後にポリオを患い、健康面には種々問題があり、大戦末期に六三歳で病死。艶福家だったことと併せて、チャーチルとは異なっている。

ハリウッド映画「トラ・トラ・トラ！」は、日米両海軍からの視点で真珠湾攻撃ドラマを描こうとしたものであった。ハリウッド側は戦争ものの大スペクタクル映画を狙ったものの、黒澤は山本提督の悲劇を撮ろうとした。また、米国式合理性によるハリウッドと、職人的芸術家黒澤との間で衝突が生じた。本書は、挫折した黒澤の経緯、山本五十六が万難を排して企画・実行したハワイ攻撃の経緯を、米国側――米政府首脳や米海軍将官――からの視点も交えて描こうとするものである。映画「トラ・トラ・トラ！」の企画から黒澤の降板に至る経緯は、田草川弘氏の『黒澤明VSハリウッド―「トラ・トラ・トラ！」その謎のすべて』、西村雄一郎氏の『黒澤明―封印された十年―』から得るところや引用させてもらったところが多い。

なお、黒澤映画であるが、一面から判断してはいけないのはもちろんだが、詳しくは後述することとし、次の二点をまず最初に挙げておきたい。

（一）国際的評価が高いこと。これには多くの実績があるが、一九九〇年第六二回アカデミー賞授賞式で黒澤は「アカデミー特別名誉賞」を受賞。この賞の受賞者は過去にチャップリンとミッキー・ルーニーの二人だけだった。また、一九八二年にはベネチア国際映画祭創立五〇周年記念行事には「獅子中の獅子（過去のグランプリ作品の最高位）」に「羅生門」が選ばれている。

「ゴッドファーザー」（一九七二年）の映画監督フランシス・コッポラは「名作と見なされる戯曲や絵画と同様のクオリティーを映画に求めた場合、その映画には力強さと人間性、ときめき、躍動感、迫力、そして哲学とユーモアの全てが組み込まれていなければならぬ。黒澤監督の映画はこれら全ての要素を持つ数少ない映画だ」と絶賛した。ノーベル賞もそろそろ映画にも与えるべきではないか、それには黒澤が最適任と考えたコッポラはスウェーデンのノーベル賞委員会に電報を打ったこともある。「ジョーズ」（一九七五年）を監督したスティーブン・スピルバーグは「黒澤映画の魅力は、その崇高さと美しい映像の編成にある。世界中の映画を愛する人々に贈られた日本文化の至宝だ。映画における彼の主張には普遍性がある」と言い、「スターウォーズ」（一九七七年）を撮ったジョージ・ルーカスは「映画制作者になろうと映画学校に通い始めた頃『七人の侍』を観て、強烈な体験を受け、何度も何度も観た。スクリーンに溢れる力強いエネルギーにただただ圧倒され、初めて本物の映画に出会った！と感無量だった」と回想している。

「七人の侍」はジョン・スタージェス監督によって「荒野の七人」（一九六〇年）に翻案化された。「用心棒」はセルジオ・レオーネ監督によって「荒野の用心棒」（一九六四年）に盗作され、主役に抜擢されたクリント・イーストウッドはこれによって一流スターの仲間入りした。マーチン・リット監督の「暴行」（一九六四年）は「羅生門」のリメイクだ。

（二）黒澤映画は、①思想的文学映画、②類稀な映像作品との評価を受けている。フランス文学者桑原武夫は「黒澤は『生きる』が示したように映画での思想的文学者だ」と言い、増村保造監督は「羅生門」のグランプリ受賞に際して「天才的な大画家、黒澤さんの卓抜した作画力。美の奴隷であり、画に魅入られた亡者、狂人であって、造形力の作家。強烈な夢を託した観念があって、非凡な造形力がそれを肉付けした」と言う。「エデンの東」等の巨匠エリア・サガンは黒澤映画の特色は「ブリリアントな映像」だと評した（「黒澤明『一作一生』全三〇作品」）。

文学的観念・哲学があって、それを卓越した絵画的造形力で映像化したものが黒澤映画と言えよう。「生きものの記録」とか「白痴」とか文学的観念の強い作品と並んで「用心棒」「椿三十郎」といった娯楽性の横溢した作品も作り、ソ連政府の慫慂でシベリアを舞台として美しい原始自然の中での人間の繋がりを描いた「デルス・ウザーラ」も撮った。

黒澤明が描こうとした山本五十六✺目次

第１章 ✺ 黒澤明と映画

映画人黒澤明の経歴

黒澤の映画人としての経歴をまず知ってもらうことから始めたい。黒澤が映画監督として半世紀の間に残した作品は三〇本である（視点①を参照）。

画家を志していた黒澤は偶然映画会社ＰＣＬ（後の東宝）の助監督応募記事を見て応募し採用された。昭和一一年であった。チーフ助監督として、最初に仕上げたのは山本嘉次郎監督の「馬」で、主演は当時一七歳の高峰秀子。貧しい農家の娘が仔馬を育て、この馬が軍馬として買い取られて行く筋書である。黒澤が尊敬し傾倒した恩師山本嘉次郎監督は「監督になりたかったら、脚本を書け」と勧めた。黒澤は忙しい助監督の仕事の間に睡眠時間を削って脚本作りに精を出した。黒澤がいかに脚本を重視したかは多くの人が語っているが、それは後述する。

ここで、まず、黒澤映画の概略を知るため、制作映画一覧を挙げておく。

《視点①》　作品制作年と黒澤の年齢

一九三六年　二六歳　ＰＣＬ（後の東宝）入社。山本嘉次郎監督の下で映画作りを学ぶ
一九四三年　三三歳　「姿三四郎」これが黒澤監督の第一作となった。
一九四四年　三四歳　「一番美しく」
一九四五年　三五歳　「続・姿三四郎」「虎の尾を踏む男達」（検閲のため、公開は七年後）
一九四六年　三六歳　「わが青春に悔いなし」
一九四七年　三七歳　「素晴らしき日曜日」
一九四八年　三八歳　「酔いどれ天使」
一九四九年　三九歳　「静かなる決闘」
一九四九年　「野良犬」
一九五〇年　四〇歳　「醜聞（スキャンダル）」、「羅生門」（ベネチア国際映画祭で金獅子賞）
一九五一年　四一歳　「白痴」
一九五二年　四二歳　「生きる」（ベルリン国際映画祭で市政府特別賞）
一九五四年　四四歳　「七人の侍」（ベネチア国際映画祭で銀獅子賞）
一九五五年　四五歳　「生きものの記録」
一九五七年　四七歳　「蜘蛛巣城」「どん底」
一九五八年　四八歳　「隠し砦の三悪人」（ベネチア国際映画祭で監督賞）
一九五九年　四九歳　黒澤プロダクション（資本金一〇〇〇万円は黒澤と東宝が折半）設立

一九六〇年　五〇歳　「悪い奴ほどよく眠る」
一九六一年　五一歳　「用心棒」（ベネチア国際映画祭で三船敏郎主演男優賞）
一九六二年　五二歳　「椿三十郎」
一九六三年　五三歳　「天国と地獄」
一九六五年　五五歳　「赤ひげ」
一九六六年　五六歳　黒澤プロダクションと東宝の専属契約解消
一九七〇年　六〇歳　「どですかでん」
一九七一年　六一歳　黒澤、自殺未遂
一九七五年　六五歳　「デルス・ウザーラ」（米アカデミー賞外国語映画賞）
一九八〇年　七〇歳　「影武者」（カンヌ国際映画祭で最高賞のパルムドールを受賞）
一九八二年　七二歳　ベネチア国際映画祭創立五〇周年記念「獅子の中の獅子」（過去のグランプリ作品中の最高位）に「羅生門」が選ばれる
一九八五年　七五歳　「乱」（この年、映画界初の文化勲章受章）
一九九〇年　八〇歳　「夢」（この年、米アカデミー賞の名誉賞受章）
一九九一年　八一歳　「八月の狂詩曲」
一九九二年　八二歳　高松宮記念世界文化賞（演劇、映像部門）
一九九三年　八三歳　「まあだだよ」
一九九七年　八七歳　（三船敏郎七七歳で死去）

一九九八年　八八歳　映画界初の国民栄誉賞受章
一九九八年　八八歳　黒澤明死去

黒澤の映画「トラ・トラ・トラ！」への思い入れと挫折

黒澤の年譜をたどると「赤ひげ」と「どですかでん」の間に空白の五年間（一九六五年〜一九七〇年）が断層のように存在する。

気力・体力共に充実していた五〇歳代後半の黒澤は、ハリウッド進出を目指して「暴走機関車」、「トラ・トラ・トラ！」の企画に打ち込んでいたが、前者は実現に至らず、後者では屈辱的な挫折を経験する。真珠湾攻撃を日米双方の視点から描こうとして二〇世紀フォックス映画「トラ・トラ・トラ！」に対する黒澤の思い入れは異常なほどであった。日米開戦に強く反対しつつも、開戦となれば、尋常な作戦では持久戦となって、国力に勝る米国には勝てない、開戦劈頭《へきとう》、鵯越《ひよどり》えと川中島と桶狭間に匹敵するような奇襲戦術で、まず、米太平洋艦隊を粉砕し、米国民をして立ち上がれないほどの意思喪失を強いることが不可欠だ。このための歴史上かつてない航空兵力による真珠湾奇襲を企画・実行した山本五十六を悲劇の主人公として、描こうとしたのが黒澤だった。

山本は留学と大使館付武官として米国に長く滞在し、米国の強大さをよく知っていた。海軍次官時代には独伊との三国同盟が対米戦に繋がると強硬に反対して生命を狙われた。対米戦となれば恐ろしい運命が待ち構えている。そのことを知っていて、避けよう、避けようと懸命に努力する。それなのに却って運命に引き寄せられてしまう。これだけはやるまいと苦労した人間が結局その最も恐ろしいことを自分でやってしまう。これはスペクタクルではない、悲劇だ。

運命に翻弄される山本五十六という一人の武人の悲劇、悠久の歴史の中で登場し、消えていった一人の志に反して二つの国の激突を演出し、母国を滅亡の淵に陥れてしまった悲劇を中心にして真珠湾の物語を描きたい、と黒澤は考えた。洋の東西を問わず古典として残っている「悲劇」は、具体的個人の悲劇を描いたものだ。古代ローマ時代のシーザー、支那歴史上の屈原、日本の日本武尊（ヤマトタケル）、源義経、楠木正成といった人々の悲劇、近くは西郷隆盛の悲劇等々皆そうである。山本五十六は人間的魅力と強い個性、意思の持主のうえ、その悲劇性から、日本において多くの人々の関心の対象となってきたことは多くの伝記や何度かの日本で映画化されたことでも知られよう。

山本五十六には、日本人にとって永遠の英雄楠木正成を彷彿《ほうふつ》させるものがあった。楠木正成は足利尊氏の大軍を迎え撃つための周到な作戦を準備献策したが、天皇周囲の公卿達の反対で採用されず、今はこれまでと敗戦必至の覚悟で出撃して湊川（現在の神戸市）で壮烈な戦死を遂げた。山本も日米開戦に強く反対し、「開戦となったら、一年や一年半くらいは暴れて見せるが、その後は成算がない」と近衛文麿首相に直言したものの、廟議は開戦と決したため、海軍主将として敢然、決死的真珠湾攻撃を企画実行し、やがて一年半後の昭和一八年四月、ソロモン上空に露と消える。

日本人は悲劇の英雄が好きだ。英雄譚には影の女性が不可欠である。義経悲劇には愛妾静御前の存在が欠かせない。山本にも若い頃には、九州一の名花といわれた芸妓小太郎とのロマンスがあり、壮年時代には愛妾梅龍がいた。それは、トラファルガー海戦で、敵狙撃兵の銃弾で斃れた英国の英雄ネルソンにハミルトン夫人があったのと同じロマンであろう。

黒澤はハリウッド映画によって日米双方の視点からスケール大きく、悲劇の主人公として山本を描いて世界に訴えようとしたのだが挫折する。

スケールの大きな映画として、戦時中に、山中峯太郎原作の「敵中横断三百里」を満洲の広大な原野で撮ろうと黒澤は会社側に提案したこともあったが、新人監督黒澤にやらすのは大きすぎるとして採用されなかった。また、昭和三九年の東京オリンピックの記録映画は、最初、黒澤に委嘱されていた。「俺が撮るんなら、まず短距離一〇〇米競争に絞るよ。一回僅か一〇秒のシーンをあらゆる種類のレンズを使って何回も何回も見せるね。一〇〇米競争とはこういうものであると」と言っていたが、撮影機器等への要求が大きすぎて、後に市川崑に替ったことがあったことも、参考として付け加えておきたい。

日米開戦時、軍令部作戦課長だった富岡定俊大佐（後、少将）は「太平洋戦争のハイライトは何と言っても真珠湾攻撃であった。これは昭和一六年一月頃、山本長官が決断を下したもので、自分が作戦課長に補されたのは、日独伊三国同盟締結（昭和一五年九月二七日）の直後だったが、その頃、軍令部では特に真珠湾攻撃については考えていなかったし、知らされもしなかった。というのは、なにしろ南方作戦に手一杯の形だったからである」と回想する。

真珠湾奇襲時の主力兵力である第一航空艦隊航空参謀だった源田實（真珠湾攻撃時には中佐）は言う。

「歴史は壮大なドラマである。そこには必ず主人公がいる。もし歴史上、山本五十六という人物がいなかったら、またいたとしても、聯合艦隊長官の重職を占めていなかったならば、一世を震駭させた『真珠湾攻撃』というあの奇想天外な作戦は敢行されなかったであろう。当時、最新鋭の空母六隻を中核に戦艦、巡洋艦、駆逐艦等合せて七〇隻以上もの大艦隊を以て、絶後とは言わないまでも空前の奇襲攻撃をかける、その用兵尋常に非ず、並みの用兵家には思いもよらぬことである」と。

山本が不退転の決意を述べた時点でも源田航空参謀はその場にいたが、その時の様子を次のように語る。

「真珠湾奇襲より僅か二か月弱前の昭和一六年一〇月一二日、聯合艦隊旗艦長門艦上でハワイ作戦の図上演習が行われ、この演習終了後の研究会で山本は全員を睨み付けるようにして宣言した。『ハワイ作戦について色々意見があるが、私が聯合艦隊長官である限りは、この作戦は必ず実施する。以後再びこの問題について議論しないようにして貰いたい。ただ、実施するに当っては実施する者が納得するような方法でやる』」。

源田は「後にも先にも、この時くらい強烈な印象を受けたたことはない。名将の言行とはかくも圧力のあるものか。もし、あの重要な場面で山本長官から不動の決意が表明されなかったならば、ハワイ作戦は実行に至らなかっただろう。そして、結果は南方作戦さえも中途で挫折し、聯合艦隊は南方地域攻略態勢から東方邀撃態勢（太平洋を西進して来る米艦隊への邀撃）に急展開を強要せられ、緒戦から全く不利な戦闘を強いられることになっていたであろう。私は山本長官に稀代の名将としての『大器』を見た」と。

また、源田によれば、ハワイ作戦の計画を聞いた幹部の中でもろ手を上げて賛成したのは山口多門少将だけだった。他の長官、司令官、参謀長、艦長および中央当局、全て反対か二の足を踏んでいた。このような周囲の反対の中で海軍部隊の最高指揮官として自説を貫くのは常人ではなかなか出来ないことだ。余程の先見力と意志力がなくてはならない。米海軍に大独裁者として臨んだルーズベルト大統領が、海軍次官当時より気に入っていたという理由によって、「鶴の一声」で何十人もの先任者を飛び越え、見識・力量が凡庸にも拘らず海軍作戦部長や太平洋艦隊長官の重職に指名されたスタークやキンメルとは人間的迫力に差があった、と言わざるを得ない。

真実に迫り、「騙し討ち」という日本民族の汚名を雪《そそ》ぐ。そして歴史を書き換えて見せるとの使命感で、黒澤は脚本、キャストの募集・選択、撮影、と異常になったかと思わせるほど全身全霊で打ち込んだ。二〇世紀フォックスによる突然の黒澤解任事件は、彼の人生とその後の作品に様々な形で影を落とした。起死回生を期し、家屋敷を抵当に入れて資金を作り、背水の陣で制作した「どですかでん」は不評で、赤字となった。そして翌年の昭和四六年年一二月、衝撃の自殺未遂事件。この時期を境として、黒澤は国内での支持を次第に失っていく。金がかかり過ぎる黒澤は敬遠され、日本では映画が撮れなくなる。日本国内で孤立無援の黒澤に外国から援助の手が差し伸べられた。

「デルス・ウザーラ」はソ連政府の援助、「乱」はフランスのプロデューサー、セルジ・シルベルマン、「影武者」は米国の映画監督フランシス・コッポラとジョージ・ルーカスの奔走による資金調達によって完成した。「影武者」や「乱」のテーマは、解任事件——信頼していた者の裏切りから生じたと黒澤は思った——から黒澤の心に生じた絶望的な人間不信だと思われ、ニヒリズムが漂う作品になっている。

ある映画関係者は二人で黒澤宅を訪れたことがある。八〇歳を超えているにもかかわらず黒澤は八時間喋り続けた。お開きという頃になって、ポツンと「でも、僕の周りにはペテン師が一杯だった」と洩らした。「トラ・トラ・トラ！」事件から二〇年以上経過していても、この事件による黒澤の心の傷は治っていなかったようである（『黒澤明語る』）。

世界のクロサワが、ハリウッド映画でヤマモトを描こうとして、撮影にまで進んでいて、途中で監督の座を降ろされたことは、クロサワの死とともに忘れ去られようとしている。

日本映画界の興隆、衰退と黒澤

日本映画の最全盛期は昭和三三年で、映画観客数は赤ん坊も入れて日本人一人が平均一二回、映画館に入った計算になった。この年、黒澤は「隠し砦の三悪人」を撮った。それが、黒澤の集大成と言われた「赤ひげ」を撮った昭和四〇年には、日本人が映画館に入った数は一人三回に激減していた。

昭和三〇年代後半になると、人々の娯楽は映画からテレビに移っていった。黒澤は「テレビと映画は根本的に違うんだよ。映画は予算を使っても大ヒットすれば回収出来る。資本を投下することが即損失にはならない。ところが、テレビは予算を使わないことで成り立っている。予算を削る以外に儲かる道はないんだ。そんなことで作品が出来る筈ないでしょ。男の仕事じゃない」と嫌った。

しかし、サイレントがトーキーになって兄丙午が映画解説者である弁士の職を失ったように、黒澤もテレビの出現で、映画を撮る機会を失っていった。「トラ・トラ・トラ！」を東映京都撮影所で撮った時には、黒澤を支える助監督達はテレビ育ちばかりで、黒澤の映画作りのやり方が理解出来ず、黒澤は不満爆発の連続となった。黒澤は後に、英国の映画評論家から「かつて日本映画界から優れた監督が何人も輩出した。あの時、何故日本映画界は輝いていたのか」と問われ、黒澤は「特に理由はない。監督が作りたいと思っているもの、監督の心の中に溜まっているものを映画会社がやらせてくれただけ」と応えている。また、娘和子にも「作り手の想像力があって、自分の中から湧き出て来るから良いものが出来るわけ。昔、続々と素晴らしい作品が生れたのは、伸び伸びと自分の作りたいものを作らせてもらえたからだよ。自分が選択した題材だから責任も重くなるし、一生懸命になる。自分の中で熟成して自然に深く大きくなって出来上るものが本物なんだね。人に押し付けられたものと湧き出るものと、どっちが努力できますかと問われたらどう答える？」と語っている。

今から思うと、黒澤は日本映画界最盛期に輝いた世界の一等星であった。映画の最盛期にあって巨匠と言われた監督が続出した時代に監督となった。昭和三三年のピーク後、潮が引いていくように少しづつ日本映画は活気がなくなっていった。映画界の雲行きは怪しくなり、ハリウッド映画「トラ・トラ・トラ！」に全力投球したが監督降板と併せて、黒澤にとって意に沿わぬことが続いた。「金の切れ目が縁の切れ目」の諺《ことわざ》の通り、隆盛の頃には門前市をなした黒澤宅も門前雀羅となった。ピークが華やかであっただけに、黒澤の後ろ姿には哀愁が漂うものがあった。山本五十六も、日本が世界に誇った海軍を所持していた時代の最後のヒーローだ。真珠湾攻撃は、帝国海軍絶頂期に上った花火に譬えられよう。

日本の映画会社は、映画に大金を注ぐのに二の足を踏むようになり、大きな資金を出してくれそうなのは、ハリウッドだけとなった。黒澤は、ハリウッドとの共作で「暴走機関車」と「トラ・トラ・トラ！」の二作の制作に挑んだが、実らなかった。前者は映画制作に至らず、後者は映画制作中に降板させられるという屈辱を味わった。五五歳から六〇歳まで、最も脂ののった年齢である。黒澤の芸術至上主義がハリウッドの合理主義に翻弄された五年間であり、直後に自殺未遂事件を起こした。黒澤の「失われた五年間」とも言われる。

世界的に評価された学者や芸術家、あるいは軍人は、平々凡々に酔生夢死で人生を終った人ではない。普通の人の何倍、何十倍の精力を使い果たして死んでいった人だ。学問にせよ、芸術にせよ、軍事にせよ、新たな分野を切り開いた人は個性が人一倍強いだけに、平穏無事な生活は望めず、毀誉褒貶《きよほうへん》が付きまとい、数多くの陥穽（落し穴）が待ち受けている。黒澤明も例外ではなかった。

身内の海軍とも戦わざるを得なかった山本五十六

山本五十六にも同様のことが言えるのではなかろうか。

真珠湾奇襲時、太平洋艦隊長官だったキンメル、海軍作戦部長のスタークも、ルーズベルトが海軍次官だった若い頃から知遇を受け、米海軍の大独裁者になったルーズベルト大統領の鶴の一声で先任者を何十人も超える大抜擢を受けてそのポストに就いたが、結局、悲劇の主人公ないし、米海軍史上に汚点を残す提督になった。

ドイツ海軍は英海軍とは較べものにならない、イタリアに至っては論外だとして、山本は終始日独伊三国同盟に反対の立場を鮮明にしていたため、生命を狙われた。山本が海軍次官当時、開戦時の海軍次官だった澤本頼雄が「山本さん、大分脅迫状が来るそうですね」と言うと、「来る。甚だしいのは明日にもぶち殺すようなことを言ってくる」と言ったそうだし、海軍省では冗談半分ではあろうが「山本次官の車だけは同乗するなよ」との噂がささやかれていた。

昭和一四年五月三一日付で「一死君国に報ずるは素より武人の本懐のみ。豈戦場と銃後とを問わんや。勇戦奮闘戦場の華と散らんは易し。誰か至誠一貫俗論を排し斃れて已むの難きを知らむ。高遠なる哉君恩、悠久なる哉皇国。思はざる可からず君国百年の計。云々」と、遺書ともとれるものを書いていた。

朝日新聞主筆だった緒方竹虎が、「米内海相・山本次官の海軍が続いていたら、三国同盟に徹頭徹尾反対し抜いたか」と訊ねると、米内は「もちろん反対しました」と言って、暫らく考えて「でも、殺されたでしょうね」とぽっつり言った。また、自分の海相の後任に吉田善吾中将を据えたことに対し「なぜ山本を持ってこないのか」とある人から聞かれて「山本を無理に海相にすると、殺される恐れがあるからねえ」と答えた。

親交のあった海軍省勅任参事官榎本重治に昭和一五年二月一七日付書信で「日米戦争は世界の一大兇事にして帝国としては聖戦（支那事変以来）数年の後、更に強敵を新たに得ることは誠に国家の危機なり。（略）日米正面衝突を回避するため両国とも万般の策をめぐらすを要すべく、帝国としては絶対に日独同盟を締結す可からざるものなり」と言って、日米戦争に導く日独伊同盟は絶対避けるべきだと伝えている。

米内・山本の海軍コンビが及川古志郎大臣・豊田貞次郎次官コンビに交替すると、海軍は直ちに妥協、三国同盟は締結される。及川は人格者で支那古典の素養は大学教授並みだと言われたが、自己主張しないことでは他に類を見ない人だった。部屋に据えた特製書見台に難しそうな本を置いて読み耽《ふけ》るのを楽しみにするような人で、緊急時の軍務をリードするバイタリティーはゼロだったし、豊田は、次官や大臣になりたくてうずうずしていたような人。山本次官に間接的にではあるが、露骨に次官就任希望を書面で伝え、山本から痛烈な皮肉を浴びたような人物だった。両者とも時代の危険な流れに身を挺し、信念を持って反対するには程遠かった。

このような背景の中、日独伊同盟は成立し、滔滔たる日米戦争への濁流の中で遂に自身で日米開戦の火蓋を切らざるを得なかったのが山本だった。自分で立案し、決断した真珠湾奇襲を命じたのである。

山本は海軍の航空戦力化の先覚者、実行者であり、保守的な大艦巨砲主義者と闘わねばならなかった。寸鉄人を刺すような人物月旦をして、海軍内で敵も少なくなかった。嶋田海相を「巧言令色とはあんな奴のことを言うんだ」とか、「嶋ハンはおめでたいんだよ」とか、永野軍令部総長には「永野さんは天才でもないのに自分で天才だと思っている」と痛烈な評価を下していた。読売新聞の取締役をしていたある人が山本五十六とはどんな人だったかと元海軍の某将官に聞いたら、「あれは海軍のヤクザみたいな男です」と答えたという。

水から油が採れるというインチキ話に半信半疑であったが実験させたこともあった。石油がなければ軍艦も飛行機も動けない。石油と聞けば藁にもすがりたい気持が強かったからだろう。不愛想でもあった。二六新報の新聞記者だった松本賛吉は山本について次のように言った。

「一種の変人ではないかと思われるくらい、ぶっきら棒で、不愛想で、むろん軍人は不愛想でいいのだが、あの人のは群を抜いて徹底している。自分が接した政治家、財界人、軍人、官僚の中から、自分の考えていることを誰にも遠慮せず、歯に衣着せずに、ずばり言ってのける人物は、財界の郷誠之助、海軍の山本五十六中将の二人だ。山本次官はとにかくお上手者でない。荻生徂徠の言葉に『人物とは一癖ある者の謂《いい》なり』というのがあるそうだが、その意味で山本次官はたしかに一癖がある。聡明な才人、温厚な長者、人当りのいい人、こういう程度の人物では今日の時局はとても乗り切っていけない。もし、山本氏を政界に迎えれば往年の原敬をしのぐくらいの手腕を発揮しそうな気がする」

太平の世の武士の処世訓であった「世の中は、左様然らば御尤も、御前御機嫌、さて御目出度い」「世の中は、左様然らば御尤も、その儀でござるか、しかと存ぜぬ」式では、緊迫の時代には通用しない。幕末時には多くの人材が輩出したが、彼等は必ずしも八面玲瓏の人格者とか大勢順応派ではなかった。幕末時でも、太平洋戦争開戦前でも同じであった。あれほど米内・山本が反対していた三国同盟をあっさりと認めた海軍大臣及川古志郎は信念といったものがなかった。陸軍という猛犬には逆らわずに逃げ、難事は先送りして、その場を何とか済ませようとする大勢順応型であった。及川の功績と言えるものを挙げれば盛岡中学時代、二年下の石川啄木に文学の眼を開かせたことくらいだろうか。啄木には「友が皆、我よりえらく見ゆる日よ。花を買い来て妻としたしむ」の歌があるが、この友の一人は海軍将校になっていた及川である。

山本は情に激する人だった。かつて山本の部下だった南郷茂章大尉は昭和一三年七月一八日、支那江西省南昌の上空で戦死した。山本が弔問に行った時のことを大尉の父南郷次郎は次のように書いている。

「じっと伏し目がちに聞いておられた山本次官は只一語も発せず、化石したかの如く微動もされなかったが、突然体を崩して小児そのままの姿勢で弔問の群集のさなかであるにも拘らず大声で慟哭し遂に床上に倒れられた。やや暫くして起き上がられたが再び激しく慟哭して倒れられた。傍に在る人々に助け起され、ようやく神気鎮まるを待って辞去されたのである」

現役の海軍中将が衆人環視の中で泣き崩れるのは、やはり異常であって、山本の激情家だったことを示している。

人の好き嫌いも激しかったようだ。南雲忠一中将を嫌っていた。航空には素人の南雲を戦意不足と予想しながら、乾坤一擲をかけるハワイ奇襲作戦の司令官に任命せざるを得なかったのは、山本の悲劇だった。昭和海軍では、人事は海軍省人事局の一手販売のようなもので、司令官の幕僚すら人事局のお仕着せであった。

昭和海軍の人事は、温厚篤実で精励恪勤の大勢順応型を評価し、反伝統的、独創的創意工夫に富む者、直言剛直型は退けられる傾向があった。及川はそういった人事政策の優等生であり、山本は例外的存在だった、とも言えよう。温厚篤実、精励恪勤、大勢順応型は平時ではよいのだろうが、物理力が容赦なくぶつかって、部下や自分の生命を賭けて戦う戦場での指揮官に求められる戦場の勇士資質とは自ずから異なってくる。南雲を初め太平洋戦争中の日本海軍指揮官は優等生だが戦意に欠ける者が余りにも多かった。

東宝でも異色の存在だった黒澤

黒澤は東宝に入社し、作品の多くを東宝で作ってきた。敗戦後の労働運動の激烈化で有名な東宝争議があり、三九歳の時、東宝を離れ、大映（昭和二四年の「静かなる決闘」翌年の「羅生門」)、新東宝(昭和二四年の「野良犬」)、松竹(昭和二五年の「醜聞」、昭和二六年の「白痴」)と渡り歩いて三年後の四二歳の時、東宝に戻っている。

莫大な金と多数のスタッフが必要な総合芸術(脚本、音楽、撮影、録音、照明、大道具、小道具、俳優を総動員しての芸術)が映画だ。映画の斜陽化が目立つようになった昭和四〇年代前半当時、巨費を出してくれる所はハリウッドしかなくなっていた。出身の東宝は、制作期日が延び延びになり、普通の映画なら三〜四本撮れる予算を使いながら、予算枠を超えるのがしばしばの、黒澤には困り切っていた。なまじ、映画評論家から高い評価を受ける作品を作り、名声があるから困る。

当時、東宝のコミック映画「(森繁や三木のり平の)駅前旅館シリーズ」や「(森繁の)社長シリーズ」、それから、明朗青春映画「(加山雄三の)大学の若大将シリーズ」は予算も少なくて済むし、ロケはほとんどなく、制作期間は短時間だ。しかも、客は入るから、興業的に有難い作品だった。

東宝の創業者は小林一三。阪急電車を立て直し、ターミナル・デパートを日本で初めて成功させたり、阪急沿線に住宅販売事業を興したり、宝塚少女歌劇を創設したりしたアイデアマン。第二次近衛内閣では商工大臣になった。宝塚少女歌劇を東京に進出させるための拠点が東京宝塚劇場で、これが土台となって東宝が生れた。

小林は映画制作を水物と考え、当り外れの少ない、娯楽作品を重視した。これは実業家として当然だろう。テレビのなかった時代、映画は庶民の娯楽の王様だった。小林一三は映画制作に直接口は出さなかったものの、黒澤作品のようなものはどう考えていたのだろうか。黒澤が松竹で「白痴」を撮った時、「東宝は監督の思うままにさせているのはけしからん」との松竹責任者発言記事に小林が赤線を付けて東宝の重役会に送り付けたこともあり、東宝の重役が進退伺いを出す騒動になった。

宝塚少女歌劇の女優を養成する宝塚音楽学校の校長を小林は創設時に務めていた。女優などは堅気の女がやるものではない、といった時代に中堅家庭で育った少女を女優にするというアイデアを出したのが小林である。当時、映画は活動屋と俗称された人々の職業であった。宝塚歌劇を見れば分るように、これは、黒澤作品とは対極をなす、女子供が喜ぶ、美しい夢を見る娯楽劇である。人生を考えさせるような深刻なものではなく、リアリズム劇でもない。

映画界に入るまでの黒澤

黒澤は、明治四三年三月二三日、兄三人姉四人の八人きょうだいの末っ子として、東京の品川区で生れた。山本五十六は明治一七年生れだから、黒澤より二六歳年上である。この年は、沈みゆく艇内で書いた遺書が有名となった、佐久間艇長の潜水艇が広島湾で沈んだ年であり、白瀬中尉らの南極探検隊が出帆し、日野熊蔵大尉が代々木練兵場で初めて飛行に成功した年である。

黒澤によれば、秋田出身の父は陸軍の将校を育てる戸山学校第一期生で、母校の教官となったが退官して日本体育会に入りスポーツ教育のパイオニアになった。母は大阪の町家の出で、典型的な明治の女にして武人の妻。父は後に、軍人を辞めて体操学校に勤め、柔道や剣道の他に、体操の色々な器具を揃え、プールを初めて日本で作ったり、ベースボールの普及に努めた。黒澤が生れた時、父は荏原中学の理事をしていた。

映画を見ることなど教育上好ましくないという風潮の当時、軍人出身の厳格な父ではあったが、進んで家族を連れて映画を見せに行った。

小学校入校当初は泣き虫のいじめられっ子だった。後に立川精治という先生に巡り合い図画が好きな少年になり、級長にもなった。図画の時間に立川先生は黒澤の絵に赤インキで大きな三重丸をつけて褒めてくれた。学校はあまり好きでなかったが、図画の時間がある日にはその時間が待ち遠しくなった。何でも画に描き、うまくなった。やがて学課の成績も急速に伸び、級長になって胸に紫のリボンの付いた金色の徽章を付けるようになった。

小学校を卒業して、府立四中に挑戦したが失敗。国語、歴史、綴り方、図画、習字は好きだったものの、理科系は不得意だったこともあり、試験の算術や理科は全くお手上げだった。人間には、得手、不得手がある。大人になってからも、黒澤は、自動車の運転などとんでもない話で普通のカメラの操作も、ライターのオイルを入れることも出来ない、ぶきっちょだった。

府立四中の入試に失敗したため、私立の京華中学に入学。当時の学友の話では、「他の学科は知らず、作文と絵画は抜群で、よく校友会雑誌に掲載された」「運動神経はからっきし駄目で、鉄棒はぶら下がったまま何も出来ず、腕立て伏せなど全く出来なかった」とのことだ。

中学時代から作文が得意だった。小原要逸先生は、黒澤のある作文を「京華中学創設以来の名文だ」と激賞した。黒澤三年時の「蓮華の舞踏」、五年時の「或る手紙」は、京華中学校友会雑誌『京華学園』第三九号と第四〇号に掲載された。「蓮華の舞踏」は、新鮮な色彩感覚が横逸していて、若き日の黒澤の感覚がよく表されている。

黒澤の中学時代の作文は、見る機会も少ないと思われるので、視点②に「蓮華の舞踏」の全文を挙げておく。黒澤少年がどんな作文を書いていたかは、黒澤の生涯を知る上で有益であろう。黒澤が空想に耽る文学少年だったのがよく分る。「蓮華の舞踏」という題名もしゃれていて、将来の黒澤を暗示しているようにも思える。

《視点②》 黒澤の中学時代の作文

「蓮華の花が一面に燃えてゐるやうに咲いた。まはりを田畑にかこまれた哲学堂附近の丘の上に、僕は夢見るやうにねころんでゐた。四月下旬の櫻の花の散りかかつた或日曜日だつた。むさくるしい家の中に閉籠つて居るには、あまりにも勿體ないやうな、めづらしい好く晴れた日であつた。

誘はれることもなく家を出て、中野行の省線電車に乗つたのは午前十時頃であつた。それは、何の目的もなかつた。足の向くままに牛込の壕端に出て緑色の壕の水を見てゐる時、三人の美術学校の生徒が同じやうに壕の水を見ながら『今頃は、哲学堂附近の蓮華は綺麗だらうなあ』、と話してゐたのを耳にしたので急に行つて見たくなつたのである。

哲学堂へ行く道々、蓮華はたくさんあつたが、此処程多くはなかつた。川の流れにおりて頭を冷やしたり、草の上にねころんだりして居るうちに、此の丘の上にまつかな蓮華の一群を見たのである。その蓮華の群の中に横になつた時、初めて満足を覚へた。微かな音をたてて、麦の穂を渡つて来る風にゆられる小さな赤い頭は、終には一つの大きな毛氈に見え初め、瞬きをすると、それはもとの小さな一つの赤い花のむれにかへる。はては酔つたやうになつて、美しい空想が次から次に湧いて来る。ここは極楽の楽園か、又はエデンの園。そして此の小さい花は僕の従者だ。それで、みんなは僕のために舞つてくれる。麦の穂を渡つて来る風の音は、従者の奏でる調とも思はれる。はつと思つて起上るとやはりと思ふと、その小さな赤い花の群がぱつと炎の群に見える。はつと思つて起上るとやはりもとの丘の上だ。大の字なりになつて、清い大空を見上げた時、急に家に帰りたくなつた。時間を見れば十二時十分前だ。陽炎の波の中に黄色の蝶が飛んでゐた」。

大正一二年九月一日の関東大震災にも遭遇した。中学二年の明は、四歳上の兄丙午に連れられて、被服廠跡の広場へ行き、見渡す限りの死骸を見た。繊細な神経を持ち、感じやすい少年黒澤の心の深層に、この死骸の山は深い傷として残っただろう。

明治末に生れた黒澤の多感な少年時代は大正期であった。明治と大正の違いについて黒澤は言う。明治の歌は、小学唱歌の「日本海海戦」でも「水師営」でも、明るく爽やかなものばかり。節もしっかりしているし、歌詞も平明で驚くほど素直、しかも的確忠実に、その出来事を叙述していて余計な感情を押し付けていない。それが、大正末期になると、唄われる歌は全て、ただ詠嘆と失意に満ちた薄暗い「俺は河原の枯れすすき」とか「宵闇せまれば」とかになった。教育者にしても軍人にしても、もちろん例外はあるが、明治と大正・昭和では見識がまるで違う、と黒澤は言う。

教育者は知らず、軍事史を研究した者であれば、黒澤の見解を首肯するに違いあるまい。これは、日米開戦前後の日本海軍軍人と明治期の海軍軍人との大きな差であろう。海軍だけでなく、陸軍も然りだ。見識・風格だけでなく、太平洋戦争中の海軍指揮官達の戦意不足には、唯々歯ぎしりする思いをさせられる。ハワイ攻撃の航空艦隊参謀だった源田實は、敗戦の原因を「指揮官達にネルソン精神（徹底した攻撃精神）がなかった。それだけだ」と吐き捨てた。

「大正デモクラシー」と大正期を評価する向きもあるが、人物にせよ、芸術にせよ、男性的、禁欲的、向上意欲的な明治と較べ、大正・昭和は女性的、享楽的で骨が細い。

中学を卒業すると、画家を考えるようになった。書を愛する父は画業に理解があり、息子が画家になるのに異存はなかったが、美術学校入学を望んだ。黒澤より二四歳年上で、山本五十六とほぼ同年齢の藤田嗣治も画家を望むと、軍医の父は同じ軍医仲間の森林太郎（鷗外）に相談し、美術学校で学ぶことを鷗外は勧めた。藤田は美術学校卒業後、パリに留学して「素晴らしい乳白色」と激賞されたキャンバスの地塗りと日本画の面相筆を使用した繊細な線描により、エコール・ド・パリの寵児となった。二〇世紀の芸術世界で世界に名が轟き渡った日本人は洋画家藤田嗣治と映画監督黒澤明の二人ではあるまいか。

太平洋戦争中、藤田は日本にいて戦争画の大作を多く描いた。ハワイ攻撃を描いた「一二月八日の真珠湾」の作品もあり、「アッツ島全滅」や「サイパン島同胞臣節を全うす」の戦争画大作は五〇〇年後にも残るだろう名作だ。戦後は、戦争画を描いたとプロレタリア画壇出身の左翼画家達から非難され、フランスに渡ってフランスに帰化。なお、黒澤の脚本を評価して高額で買ってくれていた当時大映社長だった菊池寛も、プロレタリア文学者から「自他共に許すブルジョア作家」として揶揄されたこともある。明治二一年生れの菊池は山本五十六より四歳年下、黒澤より二二歳年上だ。

美術学校受験に失敗したので、画塾に通った。中学卒業の翌年には二科展に入選している。黒澤映画の映像は、若い日に画家を志し、画業に励んだ者でなければ出来ない強烈さがある。キャンバスや絵具は家の経済状況を考えると、買って欲しいとは言えなかった。買えない画集は何日も書店に通って見た。昭和四年一月には「日本プロレタリア美術家同盟」が結成され、黒澤も当時の世相からプロレタリア美術家同盟に入った。兄丙午は「それもいいだろう。でも、今のプロレタリア運動はインフルエンザのようなもんだ。直ぐに熱が冷めるよ」と言った。

美術、文学、演劇、音楽、映画の知識を貪欲に詰め込んだが、その知識をぶちまける場所探しにさまよい続けた。

昭和四年一〇月にはニューヨーク株式市場で大暴落があり、大恐慌の始まった年である。黒澤は、この年の第二回プロレタリア大美術展に五点を出品し一点は官憲から撤去された。この時の絵は全く失われているが、①「建築現場に於ける集会」、②「失業保険を作れ」、③「帝国主義戦争絶対反対。デモへ!」の三点の写真は残っている。①は多くの労働者らしい群衆の前で一人の男がアジ演説をしている図。②は画面の上部三分の一を使って「見ロ!コノ産業合理化ニヨル失業者ノ波!政府資本家全額負担ノ失業保険ヲツクレ」のスローガンが描かれている。③は画面右に半分くらいを使って「帝国主義絶対反対」のスローガンを書き込み、労働者風の男が口を大きく開けて絶叫する図で、画面下部に「デモへ」と描きこまれている。人物は、プロレタリア・リアリズムというのだろうか、プロレタリア絵画に共通する一律一偏の特異な顔の男達ばかりだ(『大系黒澤明(一)』)。

当時、猖獗を極めていたこの絵画運動は、今日では美術的価値は否定され美術史上にその名を留めるだけの存在となっている。それは、プロレタリア文学についても言えよう。ブルジョワ作家と非難されることのあった前述の菊池は「ファッショ文学だとか、プロレタリア文学などは、一種の御用文学である。文学としては第二義、第三義のものである。文学の正統なる立場はいかなる時代が来ても、自由主義以外はないであろう。イデオロギー文学というものはいかなる場合でも一時の流行である。そのイデオロギーが、どんな重要なものでも、同じである」(『話の屑籠』)と言った。

プロレタリア絵画もそうであろう。若き日の黒澤がこんな絵を描いていたのかというのを知る参考にはなる。翌年の第三回プロレタリア大美術展にはポスターを出品した。しかし、やがてプロレタリア美術運動に疑問を感じるようになった。プロレタリア美術同盟が主張するリアリズムは、リアリズムというより自然主義に近く、フランス画家クールベのリアリズムの厳しさには程遠いように思えた。画の本質に根を下ろした芸術運動というより、政治的主張を未消化のまま画にする傾向主義絵画でそれに疑問を感じた黒澤は画を描く熱意さえ失っていった。

後述するが、映画監督になって晩年には彩色の絵コンテを数多く描いた。特に映画「影武者」の絵コンテはパリで個展を開くほどだった。これを見た世界的工業デザイナーのジウジアーロが「いくらでも出すから全部売ってくれ、と言ってきたんだよ。俺、昔ね、絵描きになってパリで個展をやるのが夢だったんだよ。でも考えてみたら、その夢が叶ってんだよね」と黒澤映画に数多く出演した土屋嘉男に語っている。画家横尾忠則は黒澤が「影武者」を撮っていた時分、黒澤から厖大な絵コンテを見せられ、一枚一枚、丁寧に説明を受けたことがあった。「その絵の力強さは、かつて画家を志望して画家を諦めた無念さがまるで怨みを表現したように絵具が画面に塗りたくられ、筆が叩きつけられていた」と書いている（『黒澤明―絵画に見るクロサワの心』）

昭和五年、満二〇歳となり、徴兵検査を受けた。面接した徴兵司令官は父の教え子で、「父上によろしく」と言ってくれた。徴兵検査の最後に特務曹長の所に呼ばれ「君は兵役に関係はありません」と告げられた。中学時代、軍事教練の大尉と喧嘩したため軍事教練には落第していたので「士官適認証」は持っていなかった。二等兵として軍隊に入れば、内務班でのリンチが待っていただろう。一八〇センチを超す大男の黒澤はその反骨精神もあって態度が大きいと、古参兵から相当やられたに違いあるまい。徴兵から外れたのは、徴兵司令官の計らいだったのかも知れない。後に黒澤は上述の土屋に「俺は（中学時代に）軍事教練をサボってね。一度も鉄砲も銃剣も手にしなかったね。おまけに兵役もうまく免れたんだ」と言った。

兄丙午は早熟の秀才で鳴らしたが、名門府立一中の受験に落ちた。あまりにも早熟で個性が強かったから、面接でマイナス評価されたのかも知れない。黒澤は助監督時代、菊池寛社長の大映から何篇かの脚本を買ってもらった。菊池は小説家希望の才能ある若者に経済的援助を惜しまなかった人である。菊池も秀才だったが、師範学校の入試に落ちている。面接時の言動が不羈奔放と看做《みな》され小学校教師には不向きとされたようだ。

黒澤は小学生の頃から兄丙午の勧める映画を貪るように観ていた。この兄は、府立一中受験に失敗、私立の成城中学に入学したことからぐれ始め、洋画映画の弁士（映画説明者）となった。当時、徳川夢声をリーダーとする映画説明者は旧来の映画説明者とは違う主張を持ち、外国映画のよき解説者、よき演出者として独自の活動を始めていた。その主張に共鳴して丙午は弁士の道に入り、弁士をしていたものの、洋画は完全にトーキーの時代となった。洋画専門館は弁士を不要だとして会社は全員馘首の方針を出す。弁士達はストライキに入り、弁士名須田貞明で有名になっていた三兄丙午はその委員長になって苦しんでいた。

黒澤はプロレタリア運動から手を引き、絵描きとして出直そうとした。油絵を描きたかったが、上の姉が森村学園の教師をして支えている一家の経済を考えると、絵具やキャンバスを買ってくれ、とは言えなかった。こんな時、兄丙午の自殺があった。丙午は厭世的なロシア文学に傾倒して「俺は三〇になる前に死ぬ。人間三〇を越えると醜悪になるばかりだ」と口癖のように言っていた。丙午は二七歳で伊豆湯河原温泉旅館の離れの一室で愛人と情死。父と共に兄の遺骸を引き取りに行った。シーツで兄の死体を包む父は「明、手伝え」と言った。黒澤も「トラ・トラ・トラ！」で降板させられた後に、自殺未遂事件を起こしたことがある。何かの因果だろうか。丙午の自殺と前後して暫く音信の絶えていた長兄昌康病死の報が入った。次兄も既に亡くなっていたので、末っ子の黒澤が家の跡継ぎになった。丙午をよく知る徳川夢声から言われた。

「君は兄さんそっくりだな。でも兄さんはネガ（陰画）で君はポジ（陽画）だね」

丙午からの影響で黒澤は若い頃からロシア文学に親しみ、ドストエフスキーは熱心に読んできた。「作家として一番好きなのはドストエフスキーですね。生きて行く上につっかい棒になることを書いている人です」と後に語っている。兄二人を同時に亡くして何でもいいから職に就いてとにかく父や母を安心させたい、とそう思って焦りと投げやりな気持に陥った。父は焦るな、焦ることはない、待てば自ずと道は開ける、と黒澤を諭した。

兄の影響で映画界へ

昭和一一年のある日、新聞を読んでいると、Ｐ・Ｃ・Ｌ（Photo Chemical Laboratory,写真化学研究所。後の東宝）映画撮影所の助監督募集広告が目に飛び込んで来た。映画界に入ることは全く考えていなかったが、その広告の内容に興味を持った。応募には第一次試験として「日本映画の根本的欠陥を例示し、その矯正方法について述べよ」との論文を出せ、と書いてあった。兄の影響で洋画はよく見ており、日本映画に対しても物足りない点が多々あったから、言いたい放題を書いて送った。

数か月後に二次試験に来いとの手紙が来た。新聞広告に応じた者は五〇〇名を超えており、論文で三分の二近くをふるい落したらしいが、それでも二次試験には一三〇名を超える人が集まって来ていた。募集人数は五人と知っていたから合格する期待は全くなかった。初めて撮影所に面接に行った時、女優さん達が、ドーランを塗った顔が気持ち悪かった。二次試験は何組かに分けられ、組別の課題でシナリオを書き、後に口頭試験があった。この時の面接者の一人が後に師匠になる山本嘉次郎監督だったのを後で知った。その面接者とはよく話が合って、画、音楽、映画の話をした。後に山本監督はどこかの雑誌に「黒澤君は鉄斎と宗達とゴッホとハイドンが好きである」と書いていたので、そんな話もしたのだろう、と黒澤は言う。

一か月ほどして、第三次試験の通知が来た。これが最後の人物考査で所長、総務部長、秘書課長が面接者だった。秘書課長が家庭の事情について色々と聞いてきたが、その口調が癇に障って思わず「それは訊問ですか」と噛みついた。これで駄目だと思っていたら一週間ほどして採用通知が届いた。

二・二六事件直後にP・C・Lに入社。最初の助監督の仕事は二度と経験したくないことばかりだった。やめようと思ったが、先輩の助監督からなだめられた。

ここで少し東宝の歴史を書いておく。トーキーの映画制作技術を開発するため昭和四年にP・C・Lが創設された。昭和七年、阪急の小林一三は株式会社東京宝塚劇場を設立。黒澤入社翌年の昭和一二年、写真化学研究所、映画スタジオのＪＯスタジオ、東京宝塚の子会社東宝映画配給が合併して巨大な映画会社である東宝映画が誕生した。

二度目の仕事で山本嘉次郎監督の組についた。ここでの仕事は楽しかった。今まで、美術、文学、演劇、音楽などを貪婪に食い散らして来たが、その全てを吐き出して盛り込める映画の道にたどり着いた気持だった。Ｐ・Ｃ・Ｌに入社した年、小津安二郎監督の発案で監督同士の親睦会が発会し、本館前の芝生で昼休みに溝口健二、成瀬巳喜男、小津安二郎、山本嘉次郎、衣笠貞之助、山中貞雄といった錚々たる監督達があぐらをかいて、よく喋っていた。

この頃、外国映画と日本映画の二本立てを見に行った。日本映画が始まったら隣にいた女が一切スクリーンの方を見ず、暗い客席のわずかの明りの中で本を読みだして遂に一度もスクリーンの方を向かない。日本映画が終って外国映画が始まったら、ぽんと本を閉じてスクリーンに見入った。何と気障《きざ》な女だろうと思った。よーし、今に見て居ろ、お前のような女でも、じっと見入るような映画を作って見せる、と思った（『クロサワさーん』）。

入社後の四年間でサード助監督からチーフ助監督に進み、Ｂ班（監督代理の班）の監督や編集、ダビング（音声入れ）もやらされた。

脚本家として頭角を現した黒澤

黒澤と脚本は切り離せない。最初に脚本家として認められ、自作品は全て自分ないし共同執筆の形で脚本を書いた。「黒澤明はその作品の多彩と種類の同一性や類似性の皆無等から、一口に言えば、作品の多様化を徹底して試み、遮二無二推し進めた映画監督であり、脚本家だった」と橋本忍は言う。後に、ハリウッド映画でつまずいた原因の一つは黒澤が書いた脚本とハリウッド側脚本がぶつかり合ったことだ。そういうこともあるので、黒澤と脚本について詳しく説明したい。

山本嘉次郎監督を黒澤は親愛をこめて「山さん」と言った。ちなみに、黒澤も助監督達からは「黒さん」と呼ばれるようになる。山さんは、元々、シナリオライターだった人だ。監督になりたければ、先ずシナリオを書けと山さんは言う。黒澤もそう思ったからシナリオを一生懸命書いた。シナリオとは、映画の設計図のようなもの。文章で物語を表現するのではなく、映像で物語をどのように表現したいか、その構成を組立てる設計図で、映画の土台というべきもの。助監督は忙しい仕事だからシナリオを書く暇はない、と言うのは怠け者だ。一日に一枚しか書けなくても、一年かければ三六五枚のシナリオが書ける。徹夜仕事の時は仕方なかったが、一日一枚を目標に、寝る時間のある時には寝床に入ってからも二、三枚は書いた。書こうと思えば案外、書けるもので何篇か書いた。その一本が「達磨寺のドイツ人」。シナリオが書けるようになると、山さんは編集をやれと言った。

サード助監督の頃は酒を飲んだことがなく、ロケから帰ると、宿屋の饅頭を監督とチーフ助監督の分をもらって毎日食べていた。酒を飲むようになったのはチーフ助監督になって「馬」を撮影した時から。

黒澤助監督の下で撮影した「馬」の主演女優だった高峰秀子（当時一七歳）は次のように回想している。

「私の少女時代の代表作と言われる『馬』は東宝が莫大な制作費と三年の制作日数をかけた超大作だった。ロケーションの撮影は夜間撮影がない限り、夕方に終る。夕食後から就寝まではスタッフの自由時間だが、麻雀をする人、花札で遊ぶ人、読書、散歩と、めいめいが好きなように時間を使う。しかし、制作主任（チーフ助監督）の黒澤明だけは、夕食を終えるとサッサと姿を消した。何も持たずに出て行く。『いったい、どこへ行くのだろう』と私は不思議に思っていた。しかし、ある夜、私が風呂を上って二階の自室に戻ろうとした時、階段の下の小さな戸が開いていて、突然黒澤明が這い出てきた。私はびっくりした。『こんなところで、何してたの』、黒澤はいったん閉めた戸を開けて照れるように笑った。うずたかく積まれた布団の間に小さな机が無理やりといった格好で置かれ、原稿用紙が広げられていた。窓はなく、裸電球が天井からぶら下がっている。（中略）私はやっと、納得がいった。彼は毎晩この布団部屋で脚本を書いていたのである」

その後、秀子が初めて黒澤の下宿を訪れた時、六畳一間の部屋の中には、足の踏み場もないほど本が積み重ねられ、二つに折られた万年床が壁際に押しつけられ、電灯の真下に据え付けられた机の上に原稿用紙が広げられていた（『私の渡世家業（上）』）。

黒澤明は、演出家であるより前に脚本家として世に知られるようになった。助監督の黒澤に「監督になりたかったら、まず、シナリオを書け」と言い続けたのは師匠山本嘉次郎で、黒澤も努力を怠らなかった。黒澤は言う。

「監督になれないとぼやく前にシナリオを書くことだね。いい本（脚本）が書けない奴は役に立たない。シナリオこそ映画のエッセンスで、その中から演出家としての閃きも出てくるんだ。助監督になったら、暇はないと言うが、ふざけちゃいけない。トイレの中だって、一日一枚書ける。年に三六五枚の長篇になるだろ。助監督時代、師の山本嘉次郎から監督になりたければシナリオを書け、と口癖のように言われた」

シナリオ作りは山登りに似ていると黒澤は言う。

「山登りする時、毎日一歩一歩、足元を見て歩いていく。途中で頂上を眺めていたら、つらいでしょ。一歩一歩、歩いているとやがて、すーっと風が通ってくる。峠は間近っていうのを身体が感じますね。山歩きってそういうものですよ。シナリオを書くのも同じですよ。シナリオは紙と鉛筆さえあれば、書ける。後は努力だけ」

山本嘉次郎監督門下で助監督仲間の谷口千吉は回想する。

「黒澤は私の下宿に枕一つ持って来て、同じ布団の中で暮した時期がある。冬の夜など私（谷口）は焼酎を飲んで寝てしまったが、彼はいつまでも明かりをつけて使用済みの脚本の裏を使って、ごそごそ何か書いている。眠れないので『やめろ！』と怒鳴りつけたが、また、むくむく起き出して、畳の上にローソクを立て、菓子折の空箱でその囲りを囲って腹這いになって書いていた」

黒澤のシナリオを書く、カツカツという鉛筆の音を聴きながら、「俺はこの後輩に差を付けられるなあ」と谷口は思った。

　山本監督のチーフ助監督を経て監督になり「銀嶺の果て」、「ジャコ万と鉄」、「暁の脱走」などの作品を作ったのが谷口である。

　巨匠と言われるようになってからも「赤ひげ」の共同執筆時に菊島隆三が同じような経験をしている。夕方まで、黒澤、小国英雄、菊島隆三、井出雅人の四人は、旅館の女中さんが部屋に入るのを憚るような緊張感の中で執筆するが、夕方以降は温泉と食事と酒で和気藹々となって、御大の小国と新しく黒澤組に入った井出はそれぞれ別の部屋で寝る。黒澤と菊島は一〇畳間で枕を並べる。菊島が夜中にふと目を覚ますと、黒澤はスタンドに羽織をかけて光が菊島に当らぬようにしてシナリオを書いている。やがて「このシナリオはどうだ？」と起こされ、さらに小国、井出も起されて部屋に呼ばれて意見を求められる。脚本が完成すると、「シナリオライターはいいよ。書いてしまったらお終いだ。だが、俺はこれから映画一本撮らなきゃいけない。それを考えると頭が痛いよ」とぼやいた。

　このように黒澤が脚本に執念を燃やしていたのは、演出家に早くなりたいから。常時書いていて出来上った脚本をいつも二本くらい持ってプロデューサーの所へよく見せに行った。

　黒澤は娘和子に言った。

「映画制作の中で一番しんどいのが脚本執筆。毎日、ここまで書こうと、こつこつやる。山登りをする時のように、毎日一歩一歩歩いて行く。頂上を見ると辛くなるから、頂上を見ないようにと思って、足元を見てこつこつ歩いて行くんだ。そのうちに、風が変って来て、もうすぐ峠だと感じる。そういう所で面白い展開が起って、またやる気が出る。そんなことを繰り返していると頂上に着くんだけどね。先に映画の現場があって暴れられるから元気が出て書けるんだね。いつも、じっと机に向う脚本家や小説家は、僕には出来そうにない」

和子によれば、筆記用具は２Ｂの鉛筆、紙は藁半紙と決っていた。自宅では決して書かず、宿屋か御殿場の別荘で執筆する。普段と違って、朝一〇時からから夕方までと決めて規則正しい。

黒澤が助監督時代に書いた脚本の一つが「達磨寺のドイツ人」。これは、浦野芳雄の「ブルノー・タウトの回想」を基にしたもの。ブルノー・タウト（Bruno Taut：一八八〇年～一九三八年）はユダヤ系ドイツ人で、ナチスの迫害を逃れて日本にやって来た有名な建築家である。日本のある田舎の小さな禅寺に下宿して日本伝統文化を研究しているドイツ人と、その地の人々との交流をモデルにした作品だ。このシナリオは恩師山本の推薦で、『映画評論』誌に掲載され、伊丹万作の目にとまり、賛辞を得た。伊丹はこのシナリオで黒澤の将来の大成を予測した。

「達磨寺のドイツ人」は、映画化の企画が立てられたが、戦時中のフィルム配給制限のため潰れた。「達磨寺のドイツ人」を書いた翌年（昭和一七年）には、情報局主催の国民映画脚本募集に「静かなり」を応募し、二〇九篇の中から第二位の情報局賞を得て、『日本映画』誌に掲載された。賞金は三百円。

また、支那事変の戦時体制の一つとして、映画雑誌が整理統合されて出来た日本映画雑誌協会が、情報局後援で「国策映画脚本」を懸賞募集した。選者は情報局の役人三名に、島津保次郎、溝口健二、清水宏、山本嘉次郎、小津安二郎の五人の映画監督。締め切りは、太平洋戦争勃発一か月前の昭和一六年一〇月三一日。「馬」の仕事が終ると、助監督の仕事から解放されて、山さんのＢ班（演出指導の少ない場面での代理監督）の仕事をさせられるだけだったから、専らシナリオを書いた。黒澤は雪を研究する主人公と東北の村人との交流を描いた脚本「雪」を応募した。

東北の豪雪地帯の村に融雪促進の研究に来た若い学徒と下宿の娘との伸びやかで屈託のない恋を美しい東北の自然と人情を背景に描いたものだった。映画「馬」の準備と撮影のため、三年にわたって親しんだ東北地方の生活、その間の見聞や、経験を基礎にして書き上げたものだ。これは、二五一編の応募の中から第一位となり、『新映画』誌に掲載された。賞金は二〇〇〇円。当時の黒澤の月給は四八円だったから、「静かなり」の賞金三〇〇円は月給の六倍以上、「雪」の賞金二〇〇〇円は四〇倍だ。連日、気の合った連中と飲み歩いた。黒澤は、「雪」の映画化を希望したが、戦時中のこともあり、叶わなかった。自然の移り変わりそのものを描こうとする試みは、後の「デルス・ウザーラ」で結実する。

この頃、金のために、シナリオを書きまくった。その得意先は映画会社の大映だった。大映社長は菊池寛だったからか、いいシナリオを欲しがって、脚本料も高かった。

「土俵祭」とか「じゃじゃ馬物語」を書いた。大映から脚本料一本につき二〇〇〇円を東宝に送ってくる。東宝は半分を自社に入れ、半分を黒澤に渡す。理由は、君はうちで月給をもらって書いているのだから、というものだった。大映に行った時、ある重役から、送金は届いているか、と尋ねられたので正直に答えた。重役は驚き会計室に行って一〇〇円を用意して手渡してくれた。その後も大映は東宝に送金する脚本料以外に一〇〇円を直に手渡してくれるようになった。

このように、黒澤に月給の四倍もの金を大映が与えたのは社長菊池寛の指示なくして出来ぬことだった。菊池寛は貧乏な作家志望の若者に経済援助を惜しまなかった。くしゃくしゃの一円札（現在の一万円くらい）や一〇円札を懐に何枚も入れていて、生活に窮している才能ある若者に「君。取っておき給え」と言ってそっと渡す。自分の代作をさせて原稿料の一部を与える。冬、オーバーも無くて寒そうにしている者に自分のオーバーを脱いで着せてやる。雑誌『文藝春秋』を創刊したのも、才能ある若者に発表の場を提供するためだった。菊池が「文壇の大御所」と呼ばれた所以である。

黒澤自身も若手監督の大島渚に次のように言った。

「大映の脚本も書いていました。ちょうど、菊池寛さんが大映にいた時です。菊池さんは、『この人（黒澤）を大映に採用しなさい』と大映の重役に言ったら、『彼は、東宝の人ですよ』とその重役は答えたそうです」

大映専務永田雅一は、ジャーナリスティックなセンスを持ち、企画性に富んだ偉大なプランナーとして文藝春秋社を大雑誌社に育て、文壇の大御所と言われるようになった菊池寛を大映社長に迎えることを考え、これを実現した。

菊池は社長に就任すると、京都撮影所に赴き、幹部を集めて次のような訓示をした。

永田専務は僕に、経営の心配はかけない。企画と脚本をやって下さい、と言った。そこで、僕はこれから、全部の企画と脚本には目を通す。劇映画の劇という字は劇薬の劇だ。劇とは、人生の最も激しい場面の連続でなきゃ駄目なんだ。感情的にも、行動的にも激しい場面がなきゃ劇は成り立たない。だから、全てはシナリオなんだ。シナリオが一番大切なんだね。松竹や東宝は直営館を持っている。少々、作品の出来が悪くても、なんとかなる。しかし、うちの大映は違う。制作の良し悪しで決まる。僕はシナリオ・オンリーでいく。

ちなみに、菊池寛が大映社長になったのは昭和一八年五月。敗戦後の昭和二一年一〇月に公職追放となって一二月に社長を辞任している（『菊池寛と大映』）。

山中峯太郎原作の「敵中横断三百里」のシナリオを書いたが、東宝の企画部長は「面白い。しかし……」と言って実現しなかった。企画部長としては、満洲を舞台にしたこの映画は、新人の黒澤にやらせるにはスケールが大きすぎると思ったのだろう。昭和一八年に助監督として東宝に入社した岡本喜八は黒澤から「監督になりたかったらシナリオを書け」と言われた。「大先輩の黒澤さんは監督になるまで売れないホン（脚本）をミカン箱一杯書き溜めていた」と岡本は回想する。

山本嘉次郎監督は、黒澤君は脚本も書ける、演出を任せても、編集をさせても、ダビングをやらせても、もう大丈夫だ、と言うようになった。

恩師山本嘉次郎監督作品は溝口健二や小津安二郎作品のように峻厳重厚なものではなく、穏健軽妙なもので、池大雅や浦上玉堂の画風のように尊重されなかったが、とかく無視されがちな谷文晁の画風のような平明な良さがあった、と黒澤は評価する。画家になろうとしただけあって、黒澤らしい表現である。確かに、現在では山本嘉次郎の作品は溝口健二や小津安二郎のような高い評価は受けていないのだが、黒澤明や谷口千吉を育てた点で映画界への貢献は大きい。

若者が師に恵まれて成長していくのを描くことを黒澤は好んだ。「私は青二才が好きだ。未完成なものが完成して行く道程に限りない興味を感じる。だから、私の作品には青二才がよく出て来る」と黒澤は言う。それは、恩師山本嘉次郎に師事して成長していった自分の姿を鏡にしているのではなかろうか。「姿三四郎」の主人公と師の矢野正五郎、「七人の侍」の勘兵衛と若侍勝四郎、「野良犬」の佐藤刑事と新人村上刑事、「赤ひげ」の新出去定と若い医師保本登がそうだ。「トラ・トラ・トラ!」の山本長官と淵田美津雄総飛行隊長の間もそう言えるのではないか。黒澤は娘和子に言った。

「よく映画でのお弟子さんは、ということを聞かれるけれども、山さんもその言葉が嫌いだった。僕も好きじゃない。山さんは最良の師だった。それは山さんに付いた助監督の作品がみな山さんの作品には全く似ていない所に一番出ていると思う。山さんは自分の作品を犠牲にしてまで助監督を育てていたように思うんだ」

ちなみに、一年半余黒澤家に居候したことのある俳優土屋嘉男によれば黒澤は、山本周五郎が好きでよく読んでいた。「椿三十郎」、「赤ひげ」、「どですかでん」は山本周五郎作品が基本になっている。周五郎の日常性、ドラマ性、正義感にとても惹かれる、と黒澤は土屋に言った。

黒澤の心の奥には青春時代からトルストイやドストエフスキーが常にあった。

食後の団欒《だんらん》もトルストイで始まりドストエフスキーで終わることが多かった、某日、「ウスリー紀行」を取り出し「読んでなかったら、読んでごらん」と言い、「こんな映画が撮りたいね。撮るとしたら北海道しかないけど、やはりシベリアで撮ってみたいもんだよね」と言った。これは後に「デルス・ウザーラ」になって結実する。

第一回監督作品は「姿三四郎」

某日、新聞の新刊書広告に『姿三四郎』という題名があるのが黒澤の目に留った。企画部長の許可を得て映画化することとし、一気呵成に脚本を書いた。それを見てもらうために山さん（山本嘉次郎監督）の所へ行った。山さんは「ハワイ・マレー沖海戦」を千葉県の海軍航空隊基地で撮影していた。この時、黒澤三二歳。会社に頼んで、出版社から映画制作権を買ってもらった。主な俳優は藤田進、轟夕起子、大河内伝次郎、月形龍之介、志村喬。脇役で出演した志村はこの後、黒澤作品に三船敏郎と共に欠かせない俳優になって、黒澤作品三〇本中、二一本に出演する。

一般観客は戦時中で娯楽に飢えていたせいか、熱狂的に見てくれた。陸軍方面では、アイスクリーム、甘いお菓子に過ぎないという意見が強かったが、海軍情報部では、映画はこれでいい、映画の娯楽的要素は大切だ、と評価してくれた。

兵庫県但馬の田舎から東京に出て、医学校入学を目標に三畳一間を間借りして会社勤めをしていた当時二一歳で、後にベストセラー作家になった山田風太郎（本名誠也）は、昭和一八年三月二五日と五月二〇日の日記に、黒澤明監督と山本五十六提督に関して次のように書いている。

「夜、会社の同僚たちと打ちつれて日劇に東宝映画『姿三四郎』を見にゆく。黒澤明第一回演出作品。興趣満々、しかも相当な芸術美も具えて見事である。出てからも全身が熱し、息もつまり、こぶしを固く握りしめていたほどである。これほど昂奮させた映画は近来まれである。僅々二時間ほどでこれほど群衆をひきずりこむことができるなら映画の監督もまた男の一大事業である。黒澤明第二回の作品を待望するや切」

それから、二か月後の五月二〇日には次のような記述がある、

「山本聯合艦隊司令長官戦死。このニュースをはじめて定時（午後五時）近い会社のざわめきの中に聞いたとき、耳を疑った。デマの傑作だと笑った者があった。それが本当だとわかったとき、みな茫然と立ちあがった。眼に涙をにじませている者もあった。何ということだ。いったい何ということだ。山本聯合艦隊司令長官戦死！」（『戦中派虫けら日記』）

黒澤映画には、人格・識見・専門技術に卓越している師匠と、良き資質は持っているが全ての面でまだ未熟な弟子との、指導し指導される関係が繰り返され、成熟した年長者と未熟な若者との対比が強調される。処女作には将来の傾向・姿が現れるとも言われるが「姿三四郎」もそうであった。

「一番美しく」は、黒澤二回目作品ではあるが、この映画に出演した女優と黒澤は結婚したこと、その演出方法には後の「トラ・トラ・トラ！」に相通ずるものがあるので紹介しておく。

これは、勤労動員の女子挺身隊の話だ。平塚にある日本光学の工場が舞台で、軍事用のレンズを作る仕事に従事していた少女達の物語である。工場を借りて、そこを舞台にお芝居を撮るのではなく、その工場で実際に働いている少女の集団をドキュメントのように撮ってみたい、と考えた。そのためには、若い女優達にしみついている俳優の体臭のようなものを除去することから始めた。脂粉の匂い、気取り、芝居気、俳優特有の自意識を取り去って、本来のただの少女に戻してしまおうと考えた。

この考えは「トラ・トラ・トラ！」で専門俳優を使わず、元海軍軍人の素人を敢て使い、山本五十六役が撮影現場に来る時には将官ラッパを鳴らして雰囲気作りに固執したことと同じ考えが窺える。「一番美しく」では、駆け足の訓練から始め、バレーボールをやらせ、鼓笛隊を組織して練習させ、街の中を行進させた。女優集団を日本光学の寮に入れて、数名で各職場に配分し、工員同様の日課で労働をやらせた。

女子寮から少女達は鉢巻を締めた鼓笛隊となって、勇ましく演奏しながら街中を通って工場の正門まで行進する。こうしたことによって、撮影対象の女優の仕事中の眼つきや動作は芝居していているという自意識はなくなり、働いている者の生々しい躍動感と不思議な美しさが出て来たと、黒澤は回想する。女子挺身隊の隊長役をやったのが矢口陽子（本名、加藤喜代）で後に

黒澤と結婚した。『一番美しく』は小品ではあるが、一番可愛い作品である」と言う。

第2章 ✺ 世界に躍り出た「羅生門」と黒澤明・橋本忍

「世界のクロサワ」の出発点「羅生門」

「映画監督にとって一つの作品は、ある一生だ。一本の作品毎に様々な一生を暮して来た。映画の上で様々な人生を経験して来た。一本、一本の映画の中の様々な人間と一体になって生きて来た」と黒澤は言う。

その黒澤にとって「羅生門《らしょうもん》」は特に忘れがたい作品となる。ベネチア国際映画祭で最高賞を取り、「世界のクロサワ」の出発点となったからだ。「羅生門」は黒澤の分岐点であるだけでなく、その影響によって世界映画史の分岐点であったとの評もある。

敗戦後、多くの誇りが崩れ去ってしまった日本で、日本人の自信を取り戻してくれたのは、水泳の古橋広之進の活躍（昭和二二年）、湯川秀樹博士のノーベル賞受賞（昭和二四年）、黒澤明の「羅生門」のベネチア国際映画祭最高賞受賞（昭和二六年、黒澤四一歳）であった。「羅生門」受賞の僅か三日前にサンフランシスコ講和会議で日本は国際社会に復帰している。その三一年後の昭和五七年ベネチア国際映画祭創立五〇周年記念祭で「獅子の中の獅子（過去のグランプリ作品中の最高位）」に「羅生門」が選ばれた。

黒澤自身も「あの頃の日本人は自信がなさ過ぎた。古橋広之進選手が水泳で新記録を出していたでしょ。あの時、僕は神宮へ行って応援しましたね」と当時を振り返る。

後述するが、二〇世紀フォックスで「トラ・トラ・トラ！」が企画された時、プロデューサーは日本側監督を黒澤と考えたが、社の経営幹部は黒澤作品をよく知らなかったので、このプロデューサーは「羅生門」と「七人の侍」を見せてOKをもらっている。

黒澤は東宝に入社し、ここで映画人生が始まった。しかし、前述したように敗戦後、有名な東宝争議が起こったため、東宝で制作ができなくなった。黒澤は三九歳から四二歳までの三年間、大映（「静かなる決闘」昭和二四年、「羅生門」昭和二五年）、新東宝（「野良犬」昭和二四年）、松竹（「醜聞」昭和二五年、「白痴」昭和二六年）と映画を作ってその後、昭和二七年の「生きる」で東宝に復帰した。

「羅生門」の企画は、松竹で「醜聞」が完成した後、大映から何か一本という話があって、それから考えたものだった。大映の首脳部は「羅生門」を企画に取り上げたものの、その内容が難解である、題名に魅力がないなど言って、撮影の仕事に入るのを渋っていた。

「羅生門」成立の経緯は、黒澤自身が「これは、佐伯清君の所へ橋本忍君が芥川の原作から脚色したものを持って行って、佐伯から今度僕の所へ来たもんだよ。早速読んで見たら話はなかなか面白い。ただ殺された主人公、盗賊、女房のこの三つのエピソードだけではちょっと短いから、もう一つ付け加えようじゃないかということになって木樵《きこり》の第三話の話を付け加えたんでね」と語っている。「羅生門」は黒澤が世界のクロサワとなった記念すべき映画であり、その後黒澤映画の常連的シナリオライターとなった橋本忍の処女作ともいうべきものであるので、経緯を詳しく後述したい。

シナリオ・ライター橋本忍との出会い

黒澤が「世界のクロサワ」となる原点は「羅生門」だった。このシナリオを書き、その後、黒澤の名作の多くを共同執筆した橋本忍を抜きに黒澤は語れない。橋本忍のシナリオ・ライターとしての出発点は「羅生門」だった。ここで橋本忍と「羅生門」の誕生までを紹介しておく（以下は橋本忍の『複眼の映像―私と黒澤明』による）。

橋本忍は、大正七年兵庫県神崎郡市川町に生れた。鉄道教習所を修了して国鉄勤務。昭和一三年現役兵で鳥取の連隊に入隊。肺結核で服役免除になり、陸軍病院や日赤を経て傷痍軍人療養所で四年間静養。絶対安静の傷痍軍人療養所（岡山県）では何もすることがない。偶々、同室の者から「日本映画」という雑誌を見せてもらったら、巻末にシナリオが掲載されていた。「この程度なら、書ける気がする」と言ったら、貸してくれた男から「いやいや、そう簡単には書けませんよ」と言われた。「この分野では、一番偉い人は誰ですか」と問うと、「伊丹万作という人だ」と言う。

傷痍軍人療養所の生活を主題にした「山の兵隊」を書き上げ、伊丹万作に送った。橋本にとって、伊丹は近寄りがたい存在だったから、返事は期待しなかった。

一介の助監督だった黒澤明の脚本「達磨寺のドイツ人」を読んで、将来日本映画を背負う大立者になると予言した人が伊丹万作である。期待していなかった伊丹から返事が来た。作品の欠点を的確に指摘し、修正箇所や改定の方向まで、具体的に示されていた。これが縁で京都の伊丹邸に出入りするようになった。弟子をとらないというのが伊丹万作の評判だった。この評判を橋本が知っていたら、脚本を送ったりしなかっただろう。知らぬ者の強さで送ったことが、結果として幸運だった。伊丹の唯一の弟子が橋本であった。

伊丹は、黒澤の脚本を読んだときと同じように、橋本の脚本を読んで、鍛える価値のある者と直観したのだろう。

それまで、橋本はオリジナル物ばかり書いていたのだが、伊丹から原作物はどうだ、と言われた。そんな時、ふと頭にかすめた疑問があった。漱石、鷗外には映画になっているものがある。「坊っちゃん」と「阿部一族」だ。この二人に並ぶ文人の芥川龍之介に映画になっているものがないのはなぜだろうか。芥川には、短編ものが相当あるのだから、一篇くらい、映画化出来るものがあるのではないか。芥川全集を姫路の本屋で買って、読み始めた。全集の中の「藪の中」が脚本化出来るのではないかと考え、想を練った。

会社の休暇を取って、夢中で三日間でまとめ、「雌雄」と題を付けた。ペラ（二〇〇字詰め原稿用紙）で九三枚になった。映画にすれば四五分程度である。

師匠の伊丹万作は四七歳の若さで死んでしまい、一周忌で伊丹宅を尋ねた折に、未亡人から佐伯清という人を紹介された。佐伯は、かつて伊丹万作監督の下で助監督をやっており、その時は監督になっていた。伊丹は、妻に「若し自分が死ねば、橋本のことは、佐伯に頼め」と遺言していたのである。以降、佐伯から脚本の指導を受けることになった。

　社用で東京に出張の時、千歳烏山の佐伯の家に顔を出した。ここには、いろいろな人が集まっていた。佐伯が東宝の助監督時代、黒澤明と下宿が一緒だったことを橋本は知った。「黒澤君とは、とても仲が良くてな」と言う。「佐伯さんに預けていた脚本全部を黒澤さんに見てもらう訳にはいかないでしょうか」と頼むと、簡単に「いいよ」と言った。

　結核療養生活後の国鉄復帰は無理なので、中小軍需会社に勤務。戦後、この会社は民需品企業になった。民間会社は好況、不況の波に晒される。経理部長として、資金調達とやりくりに翻弄され、追い詰められる毎日となった。事業家として独り立ちも考えたが、会社勤務以上の苦労が付いて回るだけだ。シナリオ・ライターなら、妻と三人の子供が食うことだけ考えればよい。会社勤務をしながら昭和二五年の「羅生門」（黒澤明監督）のシナリオを手掛け、幸いに評判が良かった。思いきって、東京へ単身移り、背水の陣を敷いた。その後、黒澤作品の「生きる」、「七人の侍」でシナリオ・ライターとしての地盤を築く。

　ここで、佐伯清について少し説明しておく。大正三年愛媛県松山で生れた佐伯は松山中学の先輩に伊藤大輔、伊丹万作がいたことから、伊丹の助監督になった。伊丹の引退後は島津保次郎のチーフ助監督として東宝に移り、そのころ山本嘉次郎監督のチーフ助監督だった黒澤明と親交を結んだ。戦時中、佐伯は海軍報道部員としてボルネオに行き、終戦間際東宝に復帰した。

黒澤は佐伯のために「天晴れ一心太助」というシナリオを書き、これは佐伯のデビュー作品となった。しかし、戦後の有名な東宝争議で佐伯は新東宝に移り、黒澤は大映で「静かなる決闘」を作った。

別れ別れになったが、ある日東宝撮影所の噴水の前でばったり会った。黒澤は「大映で時代劇をやらないかと言われているが、何かいい話はないか」と佐伯に相談した。佐伯が橋本忍の「雌雄」の話をすると、一度見せて欲しいと佐伯の自宅までやって来た。「雌雄」をざっと読んだ黒澤は「俺に貸してくれ。そのままじゃ短いけれど何とかなりそうだ」と言うのでシナリオを渡した。

佐伯清から黒澤に脚本を渡してもらってから、半年か一年くらい経って、映画芸術協会のプロデューサー本木荘二郎から橋本に葉書が届いた。あなたの脚本「雌雄」を黒澤明が次回作品として、映画化することになった。ついては、黒澤と打合せをして頂く必要があり、なるべく早く上京して欲しい。都合をお知らせ下されたし、という内容だった。

本木荘二郎から書いてもらった道順を頼りに、小田急線の狛江から五、六分の所にある黒澤の家を訪ねた。この時、橋本三一歳、黒澤三九歳。黒澤は橋本の生原稿を持って現われ、言った。「あれでは、ちょっと短い」。橋本が「芥川の『羅生門』を追加して入れたらどうでしょう」と言うと、黒澤は、「じゃあ。これに『羅生門』を入れて書き直してくれる?」。橋本は「そうします」と応えた。打合せは一、二分で終った。

伊丹万作に見てもらうシナリオは、読んでもらって批判を受けることで終る。しかし、黒澤と打合せしたシナリオは、これを撮影現場に持込み、実務の仕事を正確に指示し命令する明確な映画の設計図だ。ペラ九三枚の橋本の原稿シナリオは普通の映画シナリオの半分以下だ。一か月かけて膨らませて「羅生門物語」が出来上り、本木荘二郎に送った。本木から連絡があった。黒澤は頭をひねっているという。

暫くして、映画芸術協会から、大きな封筒の郵便物が届いた。黒澤が手直しした決定版を印刷したものだった。題は「羅生門」となっていた。導入部分の巧みさに息を呑んだ。本木からの手紙も入っていた。

「決定版が出来たので送る。内容については、黒澤があなたの意見を強く希望している。出来るだけ早く上京して黒澤に会い、あなたから直接黒澤に忌憚のない意見を言って下さい」

社用の営業会議と、取引銀行重役との面談のための上京を利用して、黒澤宅へ行き、自分の意見を言った。

「羅生門」は、ベネチア映画祭でグランプリを受賞し、黒澤は一躍世界に知られることとなった。橋本は脚本で生きる決心をし、会社を辞める。黒澤が橋本のため東京での三食付の下宿を見つけてくれた。

橋本によれば、シナリオ・ライターから小説家に転向して大成した人はかなりいる。しかし、小説家からシナリオ・ライターになった例は一例もない。小説は読み物、シナリオは設計書という全く性質の異なるものだ。シナリオで稼ぐより、小説の方が楽に稼げるということもある。

一瞬のリズムの狂い、弛みも許されないシナリオと比べると、小説はそれほど気にしないで済む。小説は多少の出来、不出来は許容してくれる。シナリオは設計図を引くような正確さが必要で、書くには、根気、忍耐が求められる。

「羅生門」の後、「小国は、僕らとは全く色合いが違うライターでな、橋本君とは、何もかにも正反対で、橋本君の持ってないものを全部持っている。一緒に仕事すれば、君も大変勉強になると思う」と黒澤は言って、黒澤は小国英雄を紹介してくれた。橋本と小国はともに黒澤作品の常連脚本家になる。

難解な内容の「羅生門」がベネチア国際映画祭グランプリに

当時、映画はトーキーになって、無声映画の良さ、その独特の映画美をどこかに置き忘れてきてしまったように黒澤には思われて、何か焦燥感のようなものに悩まされていた。確かに、無声映画は「活動写真」と呼ばれたように、登場人物の動きや表情、映像の面白さや美しさが重要で、筋等は弁士の解説に頼ることが多かった。チャップリンの無声映画は音がなくてもわくわくするほど面白い。トーキーになって音も主役になったためか、「活動写真」の原点が忘れ去られる傾向がなくもなかった。もう一度、無声映画に帰って、映画の原点を探る必要がある。「羅生門」は、黒澤の考えや意欲を実験する恰好の素材だった。

黒澤は、『羅生門』で一番やりたかったことはサイレント映画の美しさをもう一度考えてみようとしたことです」、「僕は映画を作る時、『サイレント（無声映画）だったらどう撮るのかな？』ってところから始まるんだけどね」と言い、「（小説家）内田百閒はず一っとサイレント映画を見てきたけど、トーキーになって映画を観なくなった。いろいろ想像して観ているから面白いもので、言葉で言われちゃ面白くない。音が出て、色が付いてくると、つい説明しすぎるところがあるんだ。表現するというより説明するっていう傾向が強くなるんだよね」とサイレントの良さを説明する。

人間の心の奇怪な屈折と複雑な陰影を描き、人間性の奥底を鋭いメスで切り開いて見せた芥川龍之介小説の題名「藪の中」のシーンを一つの象徴的な背景に見立て、その中でうごめく人間の奇妙な心の動きを怪しく錯綜した光と影の映像で表現して見たかった。

ストーリーは、内容こそ複雑で深いものであるが登場人物は八人だけで、シナリオの構成も出来るだけ直截、端的なものにして短いものになったから、それを映像にする時には存分に映画としてのイメージを膨らませることが出来るはずであった。

助監督三人が、この脚本はさっぱり解らないと言うので、黒澤は説明した。人間は自分自身について正直なことは言えない、虚飾なしには自分について話せない。この「羅生門」脚本はそういう人間というものを描いている。いや、死んでも、そういう虚飾を捨てきれない人間の罪の深さを描いているのだ。三人の助監督のうち二人は理解してくれたが、チーフ助監督の加藤泰は理解してくれず、黒澤とウマが合わなかったこともあって去って行った。加藤泰の母方の叔父は名作「人情紙風船」を制作した山中貞雄。加藤はその後、東映で任侠物映画を数多く作った。

撮影は奈良市街の近くの原始林と京都西郊の山で行った。森の中の光と影が作品全体の基調になるから、その光と影を作る太陽そのものをどのように捕えるかの問題があった。黒澤はその問題を、太陽をまともに撮ることで解決しようとした。太陽にキャメラを向けることは従来のタブーであったが、キャメラの宮川一夫は勇敢に挑戦して素晴らしい映像を捕えた。後にベネチア国際映画祭で「キャメラが初めて森の中に入った」と言われた。

「世界のモノクロ映画撮影の一つの傑作と言っていいと思う」と黒澤は回想する。黒澤はキャメラマンと相談しながら、どのカットも全部自分でファインダーを覗いて構図を決め、レンズのサイズまで選択するのを常とした。野上照代は「『羅生門』の美しさは、あの構図のシンプルさと、光と影の絶妙の感覚だ」と言う。キャメラマン宮川一夫は、黒と白で灰色のないコントラストの強い映像を作りたいと思った。銀紙を貼ったレフ（反射板）での柔らかい補助光源はやめ、鏡を用いて直接太陽光で照明するやり方を採り、ハーフトーンになりそうな樹や葉等は黒のスプレーで塗りつぶした。「撮影覚書」によれば、「真っ暗い森の中では可能な限り（レンズを）絞りに絞って画面の鮮明をはかるべく八枚の鏡（四フイート四方）を用いて樹木の上、崖の上から光を送り、明確に人物とその演技を黒白のコントラストに掴むことが出来た」。

助監督だった田中徳三は次のように試写会の有様を書いている。

「試写が終って試写室が明るくなっても誰も何も言わない。暫く間があって永田ラッパと異名のあった永田雅一社長が『何かよう解らんけど高尚なシャシン（映画）やな』と一言言った」

（「映画が幸福だった頃」）

「羅生門」がグランプリを取ってからの後であるが、「羅生門」がテレビで放映されたことがあり、この作品制作会社社長のインタービューも同時に放映された。この社長は「羅生門」の制作に難色を示し、出来上った作品についても「全く解らん」と憤慨して制作を推進した重役やプロデューサーを左遷していたにも拘らず、このインタビューでは「羅生門」を推進したのは全て自分である、と言った。また、この作品では初めてキャメラを太陽に向けて撮影させたとも言い、監督黒澤の名前もキャメラマンの宮川一夫の名前も一切出さなかった、と黒澤は憤っている。

批評は芳しくなく、危く話題作程度で終る運命にあった。イタリア・フィルムのストラトジョーリ女史が熱心に勧めて一九五一年九月第一二回ベネチア国際映画祭に出品され、最高位のグランプリに受賞した。ストラトジョーリはローマで生れ、ローマ王立大学文学部東方文化科で東洋哲学と東洋美術を学び、日伊文化協定第一回交換学生に選ばれ、その後も再来日してイタリア大使館やイタリア文化会館で働き、戦後も日本に留まってウニ・イタリア・フィルム社の日本代表となった。日本へのイタリア映画の窓口である有限会社イタリア・フィルム社を一九四九年創設。「羅生門」がこのストラトジョーリ女史の目に留まったのは幸運だった。

黒澤はベネチア国際映画祭に出品されたことも知らなかった。永田社長は「グランプリって何や」と尋ねた話がある。黒澤もそれまでグランプリを知らなかった。元英首相のチャーチルは避暑の途次、この祭に現れ「羅生門」を観て激賞した（一九五一年九月一二日、夕刊毎日新聞)。チャーチルは映画が好きだった。第二次大戦中、ルーズベルトとの巨頭会談に臨むため、大西洋横断の客船の中でも船内映画会を愉しみ、ロンドンの別荘でも週末には秘書官とチャップリンの「独裁者」等の映画をよく観ていた。

イタリア紙も次のように激賞した。

「昨夜来、ベネチアはまるで、日本の一部のような感じを抱かせた。日本があたかもベネチア湾に浮いた島のように思われた。それは久しぶりで日本映画が元気な姿を見せたからだ。と言うのは非常に尊敬すべき映画をもって力強く登場したからだ」(『黒澤明と赤ひげ』)

日本では「羅生門」は不評で、「キネマ旬報」のベストテンに五位にランクされた程度だった。黒澤自身も、『羅生門』を撮った後、松竹で『白痴』を撮ったんだけど、批評家全部から袋叩きに遭った。各社と映画を撮る話が全部断られた。最後に多摩川の大映に行ったら、契約破棄だと言う。二、三年冷や飯を食うしかないと思っていた」。「憂鬱に力なく家の玄関の戸を開けると女房が飛び出して来て云った。『おめでとうございます』。自分は思わずむっとして聞いた。『何が?』、『「羅生門」がグランプリです』」。

黒澤は『羅生門』以降、冷や飯を食わされたこともなく、順調に仕事が出来るようになった。

《視点③》黒澤明と音楽

日本の映画監督の中では、初めて映画音楽に関心を示し、映画を良くするためには音楽を無視出来ないことを身を以て体験して来た監督が黒澤だ、との指摘がある(『黒澤明 その人間研究』(上))。

黒澤は映画に入れる音や音楽にも一家言を持っていてこだわった。「酔いどれ天使」「野良犬」「醜聞」「羅生門」「白痴」「生きる」「七人の侍」「生きものの記録」の音楽を担当した早坂文雄、「蜘蛛巣城」「どん底」「隠し砦の三悪人」「悪い奴ほどよく眠る」「用心棒」「椿三十郎」「天国と地獄」「赤ひげ」の音楽を担当した佐藤勝が有名だ。初期の「虎の尾を踏む男たち」「わが青春の悔いなし」「素晴らしき日曜日」を担当した作曲家服部正は、「黒澤さんの場合、文学青年みたいなところがあるし、打ち込んですね。打ち込むところがその当時の監督の中では抜群に熱心であった。要するに何べんでも繰り返してやるということ。ちょっと残酷非道なくらいひっこくやる。人によっては、もうあの人とは付き合えないと思うんじゃないかな。また体質の合わない人はとても駄目ですね。夜中に電話がかかって来るんですよ。『これからちょっと、ラッシュ見るから来てくれ』って言う。こっちも色々都合があるのに。黒澤さん、自分のためだったらどんなことでもやれ、ってところがある。とても付き合いきれない、と思った」と言う。黒澤の粘着性がよく解る(『黒澤明、音と映像』)。

第3章 ✺ 真珠湾攻撃に至るまでの山本五十六

海軍航空を育てた山本五十六

五十六という変った名前は、父親が五六歳の時に生れたことにより名付けられたことはよく知られている。

フォックスから「トラ・トラ・トラ！」共同制作の話が来た時、黒澤は五六歳だった。山本長官が真珠湾攻撃を決心したのは五六歳。実際に実行したのは山本が五七歳で、黒澤が「トラ・トラ・トラ！」の撮影を開始したのも五七歳であった。

山本五十六理解を深めるため、山本の略歴を前もって知ってもらいたい。

明治一七年四月四日、新潟県長岡で士族の家に生れる。

明治三七年一一月、海軍兵学校卒業。同期生に太平洋戦争時の海相嶋田繁太郎がいた。

大正五年一二月、海軍大学校卒。

大正八年四月から同一〇年一〇月まで、ハーバード大学に留学。

大正一三年一二月、霞ケ浦航空隊副長

大正一四年一二月、米大使館附海軍武官
昭和三年一二月、空母赤城艦長
昭和四年一〇月、ロンドン軍縮会議に出張
昭和五年一二月、海軍航空本部技術部長
昭和八年一〇月、第一航空戦隊司令官
昭和九年六月から同一〇年二月、ロンドン軍縮会議に出張
昭和一〇年一二月、海軍航空本部本部長
昭和一一年一二月、海軍次官
昭和一三年四月から同年一一月まで航空本部長を兼務
昭和一四年八月、聯合艦隊司令長官。同一五年一一月大将に昇進
昭和一八年四月、ソロモン上空で戦死

経歴の特徴は、米国に留学や大使館附武官で五年半いたこと、霞ケ浦航空隊、空母赤城艦長、航空本部技術部長、第一航空艦隊司令官、航空本部長、と航空関係のキャリアが長いことだ。海軍航空を実質的に育てたのが山本だったと言って過言ではなく、これが山本による航空艦隊の真珠湾作戦と結び付いていった。

山本の航空畑への第一歩は、霞ケ浦航空隊副長に就任した時に始まる。この時代と山本のワシントン駐在大使館附武官時代、第一航空戦隊司令官時代、聯合艦隊司令長官時代に山本に親

しく仕えた三和義勇大佐は、山本の航空に関する熱意について、「山本元帥の思い出」の中で次のように書いている。

海軍霞ケ浦航空隊副長山本は、常に飛行将校の頭は粗笨《そほん》であるとして戒めた。個々に、また隊務会報、教育会報、研究会等の席上で、折に触れて、あるいは叱正、揶揄《やゆ》、諷示《ふうじ》され、様々な手を尽くして指摘矯正に努めた。一日、某隊長が「飛行機乗りは高空に行くと生理上頭が粗くなるから仕方がない」と弁解した時、語勢を強めて「それは事実だ。それなればこそ、平素からもっと頭を緻密にして、準備を周到にしておかねばならないではないか。そうでなくて、今のままでは到底将来の海軍航空をもって行けぬぞ」と訓戒した。

ワシントン駐在武官として米国航空を研究

空母「鳳翔」分隊長勤務を終えたばかりの三和義勇は、昭和二年二月から翌年春まで、ワシントンの大使館で山本駐在武官に補佐官として仕えた。三和によれば、この頃の山本は米国航空に注視していた。当時、大西洋横断飛行が米国航空の大問題だったが、ついにリンドバーグが成功（一九二七年、昭和二年）。山本からこれからの航空問題を研究して意見を出せと三和は命じられた。調べているうちに気が付いたことは、洋上長距離飛行上、計測飛行や天測航空等が絶対的に必要なことで、米国では既にこれに着目して立派な計測器も使用しておれば、機上天測を実現している。一方、我国では海軍航空ですらセンピル飛行団から教わった第六感偏重教育の域を脱していない。

大正一〇年一〇月、英国のセンピル大佐一行を招聘して霞ケ浦海軍航空術講習部で講習が始まったのが霞ケ浦海軍航空隊の端緒であったが、昭和初年になっても未だ英国のセンピル飛行団によって教育が開始された時のままの状況だった。

第六感による飛行から脱却し、計測飛行を尊重しなければ行き詰るとして、三和は対策案を書いて山本武官に提出した。「その通りだ。全然同意。ちょっと貸せ。少し直してやる」と結論の所を注意喚起のためか、激しい論法に直した。

山本の米国駐在は、第一次大戦直後のハーバード大学留学の一九一九年五月から一九二一年七月までと、一九二五年一二月から一九二八年三月までのワシントン駐在大使館付武官の二回であった。

一九二一年七月には、勝利品の独戦艦オストフリーランドと米旧式戦艦バージニア、ニュージャージー等を標的艦として、米陸軍機による爆撃が実施され、これらの戦艦はいずれも大破して沈められた。その結果をウイリアム・ミッチェル陸軍少将（通称、ビリー・ミッチェル）は『翼による国防（Winged Defense, 1924）』として出版した。若い時代から衒うことが嫌いであった山本は何を読み、何を勉強するか、他人に見せなかったので、その航空第一主義の思想も起源は明瞭でないが、山本がこの本から何らかの示唆を受けたのは間違いあるまい。

伊藤整一少佐（後、軍令部次長）が米国留学となり、大使館に山本武官に挨拶に行った時、「実は、今日ホーン（当時米海軍大佐）の家にお茶に招かれているんだ」という話があった。

このホーンとはフレデリック・J・ホーンのことだろうと思われる、ホーン（アナポリスの一八九九年クラスで、大戦中米海軍トップのキングよりアナポリスで二年先輩）はその後、米空母サラトガ艦長や航空艦隊司令官となり、太平洋戦争中は海軍作戦部次長となる人。日米開戦時の駐米大使野村吉三郎海軍大将は米国内に知人が多かったが、山本はそうではなかった。山本とホーンが親しい間柄で交流があった事実があれば興味深いのだが、残念ながら特別な交流はなかったようだ。

航空重視を貫いた山本

米国からの帰朝後、赤城艦長、軍縮会議首席随員、航空本部技術部長を経て第一航空戦隊司令官に着任。山本の赤城艦長時代、三和は第一航空戦隊旗艦の空母赤城の飛行隊長だった。

山本が空母赤城艦長に就任直後のこと、赤城は広島湾から豊後水道へと西へ進んで飛行機の着艦作業を始めようとしていた。風が強く、なかなか着艦出来ない。そのうち、先頭の一機が着艦したが甲板の中央辺りで、放っておけば、そのまま艦首から海中に墜落してしまう。その時、じっと見ていた山本艦長は脱兎の如く、その飛行機目掛けて馳せ寄り主翼に飛びついた。その飛行機はずるずる艦長を引きずって行く。艦長が危ないというので山口多聞中佐をはじめ兵隊達が飛び出し飛行機に飛びついたので、危機一髪のところでやっと引き止められた。山本を知る上でかかせないエピソードの一つだ。

当時、昭和九年頃には、航空機こそ来るべき海戦の主兵だと、航空関係者は皆信じていたが、海軍全体としてはそうでもなかった。演習に際しても、砲撃戦、魚雷戦等の補助兵力として使われることが多かった。

三和義勇の『山本元帥の思い出』から第一航空戦隊司令官時代の山本のエピソードを紹介する。

若手荒武者の搭乗員たちは、訓練が激しいから、休養の時にはつい酒も過ごす。そのあげくには、羽目を外す者もないではない。これに対し、聯合艦隊から「航空関係のこの種の問題には厳罰主義を以て臨む」との通知が来た。これには荒武者たちが反発した。こんな雰囲気の中で、ある日、「赤城」で研究会が開かれた。席上で聯合艦隊の航空参謀が偶々問題の厳罰主義に触れた時、山本は立ち上がって「自分は司令官として千遍一律に、これを部下に課せようとは考えておらぬ。個々別々に詮議して寛厳よろしきを得なければならぬ。今、日米開戦となった場合を思うに、戦勝の端緒をどこに求めるか。大砲でも水雷でもない。搭乗員たちが魚雷なり爆弾なりを抱いて敵戦艦の檣楼に体当たりを食わせるより、遺憾ながら手はないのだ。しかも、この搭乗員たちは自分の命一下、直ちにこのことを敢行してくれることを確信する」と大声で叱呼し、搭乗員たちを見渡した。「自分はこういう考えでいるから、どうぞ長官にはそう言ってくれ。若しそれが悪ければ自分を処分してくれ」とその参謀に伝えた。

実際、その頃の航空戦隊では、司令官の命一下、この体当たり戦法を敢行するより手はないと考えられていた。三和は言う。「ハワイ奇襲の構想はこの頃から山本司令官の頭に萌芽していたのではあるまいか。部下に対し必死の訓練をさせると共に、まだ航空機は補助兵力としか考えておらぬ海軍上層部に、海軍航空の威力と将来性を認識せしむるために努力をされていた」。

上記については源田實も次のように書いている（『海軍航空隊始末記（発進篇）』）。

当時、事故によって飛行機が破損した場合、特殊の事情があるものは兎も角、一般には懲罰は行われていなかった。ところが昭和九年の聯合艦隊司令部では年度初めの長官訓示の中に「今後、事故によって飛行機を破損した者は厳罰に処する方針である」という一項があった。研究会の席上で第一航空戦隊司令官山本少将は「この訓示は長官自身が書かれたのか、参謀長が書いたか、あるいはそこにいる加来参謀が書いたか知らないが、およそ犠牲の上に犠牲を重ねて進歩発展し続けている航空部隊に対し、飛行機を破壊した者は厳罰に処するなどという考えで臨むならば優秀な航空兵力など出来っこない。私はこんな方針には不賛成である。唯、軍紀違反による事故に対しては、処置は自ずから別である」。

その場にいた源田は随分思い切ったことを言う人だと思い、「山本少将は当時、第一航空戦隊司令官で一武将に過ぎなかったが将来の日本海軍を背負って立つ人だけに気魄も度胸も図抜けていた」と回想している。

三和が『山本元帥の思い出』を書いたのは、戦争中（昭和一八年）だったから、事故による飛行機の破損問題については書くのに憚りがあって、「訓練が激しいから、休養の時にはつい酒も過ごす。そのあげくには、羽目を外す」との記述にしたのであって、本当は源田實の言う飛行機破損事故だったのだろう。確かに、進歩発展中の飛行機の事故に千篇一律の厳罰で臨んでは、海軍航空の発展は望めない。ちなみに、当時の聯合艦隊長官は末次信正、その参謀長は豊田副武であった。加来止男《かくとめお》航空参謀は後、ミッドウエー海戦時、飛龍艦長として山口多聞司令官と二人、燃え沈む飛龍に留まって艦と運命を共にした。

山本は昭和四年一一月一二日、ロンドン軍縮会議全権委員随員、ロンドンから帰朝後の昭和五年一二月一日、航空本部技術部長となり、二週間後の一二月一五日には航空技術廠設立準備委員も兼務した。翌六年、大臣秘書官だった高木惣吉の部屋に山本少将がぶらっとやって来て航空技術廠設立準備委員を集めるから海軍省内で事務室を探してくれと頼まれた。翌年の昭和七年には航空技術廠が発足し、その後、海軍航空の飛躍に貢献した。「単なるアイデアとしてでなく、具体的方策に踏み出して航空本位の海軍軍備を考えていたのは山本少将が一番乗りだったと思う」と高木は回想する。山本の第一航空戦隊司令官就任は昭和八年一〇月三日で、航空本部長就任は昭和一〇年一二月二日。

艦政本部が軍令部から一八インチ砲塔の新戦艦（後の大和、武蔵、信濃）の研究を要求されたのは昭和九年一〇月で、建艦が決定されたのは昭和一一年七月。新戦艦建造の主任技術者だった福田啓二の思い出によれば、当時航空本部長だった山本が福田の所にやって来て、「どうも水を差すようですまんが、君達は一生懸命やっているが、いずれ近いうちに失職するぜ。これからは海軍も空軍が大事で大艦巨砲はいらなくなるよ」と福田の肩に手をかけて言った。福田は技術者のプライドから、「いや、そんなことはありません。絶対とは言えませんが極めて沈みにくい船を造って見せます」と応えた。「うむ。しかし――」と言って山本は黙った。大和も武蔵も米海軍航空機によって沈められ、山本の言った通りになるのだが、当時の海軍当局はじめ、建艦技術者達の主流は大艦巨砲主義者であった。なお、大和、武蔵に次ぐ三番艦の信濃は空母に改造されたが、横須賀から呉に初航海中、米潜水艦の雷撃によって、潮岬沖で沈んでいる。

当時、海軍と陸軍を較べると、陸軍は航空関係に予算も人材も組織も海軍に劣らず投入し整備したが、海軍航空に劣っているとは関係者なら誰も知っていた。

陸軍省で軍務局軍事課予算班長、高級課員、軍事課長等を歴任した西浦進大佐は、戦後、陸軍航空関係者を次のように手厳しく評価した。「陸軍航空関係者が新兵科として無理からぬことと思うものの、一夜作りの観念論の多いこと、朝令暮改の多いこと、成果も見ずに色々と変更が多く、航空をしっかり一定の方針で引っ張ってゆく中心人物のいないことが痛切に淋しく感ぜられた」と言い、「支那事変発生直後の陸軍側航空の不振、特に北支那への集中すら満足に出来なかったの対し、海軍側は新鋭九六式陸上攻撃機による堂々たる渡洋爆撃を敢行した。陸軍航空関係の未熟さは航空関係者が徒らに航空政策的なことばかりに熱中して自らの実質的向上に努力しなかったことを如実に示した。杉山元、畑俊六という将来陸軍の中心人物の一人となる人々も航空本部長をしていたことがあるが、これらの人に強引なる迫力を期待することは無理だった。海軍における山本五十六航空本部長に対するような迫力ある中心人物が過去の陸軍航空に欠けていたことも陸軍航空立ち遅れの重要な素因だったことは否み得ない。海軍がよく『陸式』と悪口を言ったやりかた——即ち宣伝と観念論的議論に終始して内容の充実の伴わないこと、しっかり駄目の押し方の足りないこと等は、特に陸軍航空の一大欠点であった」。神棚（組織）を作って、お賽銭箱にお賽銭（予算）を投じ、人を集めて（人材を投入し）、柏手を打って一礼をする（宣伝する）だけでは、航空関係は育たない。迫力を以てリードする中心的人物が不可欠なのだ。陸軍航空には海軍航空における山本五十六のような人物がいなかった。

山本は二・二六事件から九か月後の昭和一一年一二月一日付で海軍次官に任ぜられた。この時、上京して来た郷里長岡の反町栄一に「自分には航空本部長が一番適任だ。一生でも航空本部長で御奉公がしたいのだが」と語ったと言う。これが山本の本音だった。

海軍省は人、物、金を扱う。山本の海軍次官当時の航空に関するエピソードを紹介する。大蔵省に提出する前の海軍予算概案作成のため、海軍省の各局、軍令部の各部からの要求を審議する省議というのが行われ、次官が司会するのが通例であった。ある省議の席上で軍備を担当する軍令部第二部長が南方方面の基地防備の予算が減らされたのを不服としてその復活を粘った。山本次官が「一体、軍令部の計画では、そこの防備兵器に何を備えるつもりか」と質問すると、第二部長は何を今更とばかりに、中、小口径砲、高射砲、機銃、地下壕等の説明をした。すると山本次官は「おい、軍令部はどこの兵隊を相手に想定しとるのか。二〇世紀の戦に飛行場と航空を考えない基地防備は予算をドブに捨てると同然だよ」と一蹴した。この省議には古賀峯一軍令部次長も参加していたものの、一言の反論も出来なかった。

省議では議論が沸騰するのが常だった。ある省議で、航空本部総務部長が「今、焦眉の航空予算を大蔵省と接触もしない前からこう無慈悲に削られては私達としてはとても責任がとれません」と、陸軍側が削られるのを見越して膨らませた予算案を大蔵省に出していることを挙げて訴えると、山本次官は鋭い一瞥を投げかけて「航空のことは不肖ながら君達以上に俺は知っている。どのくらいの予算でどのくらいの整備が出来るかは君達より心得ているつもりだ。よそが悪いことをすれば、こっちも悪いことをしてもいいのか！」と沸騰した一座に冷や水を浴びせた。

これも山本海軍次官時代の話であるが、ある次官会議で、談たまたま航空のことに及ぶと、何事も一家言を言い立てる博弁宏辞の東條英機陸軍次官が滔滔と陸軍新鋭機の性能を述べ立てて列席一同を煙に巻いた。東條の話を一段落するまで黙っていた山本は、不意に「ホホウ。えらいね。君の所の飛行機も飛んだか。それはえらい！」とニコリともせずに言った。海軍航空と陸軍航空の差は誰もが知っていたことなので、笑わないのは山本と東條だけで、各省次官連は爆笑した、という逸話もある。

映画の世界でも、金を投じて宣伝するだけでは、いい作品は出来ない。小津安二郎、溝口健二、黒澤明のような人が出て、世界に誇る日本映画の最盛期が出現したのだ。

山本は、日本海軍航空の父とも言っていい提督だったが、「米海軍航空の父」と呼ばれたのはモフェット少将。モフェットや米海軍航空の経歴を知ることは山本を知るためにも有益だろう。

《視点④》米海軍航空の父　モフェット

第一次大戦後、クーンツ海軍作戦部長やシムズ海大校長ら先覚者により、海軍航空の重要性が叫ばれ始めた。

一九二一年、海軍省に航空局が創設され、初代局長にモフェット少将が就任。モフェットと飛行機との関りは、新鋭戦艦「ミシシッピー」艦長時代だった。「ミシシッピー」はカリフォルニア州サンジエゴ軍港近海で、約二万米の砲撃訓練を行っていた。この時、水上機母艦「アローストーク」の水上機からの弾着観測に大いに助けられた。水上機からの弾着観測が有効なことを実感し、「アローストーク」に「貴艦の水上機は我が救い主なり。感謝す」と信号を送った。「アローストーク」艦長はヘンリー・マスチン中佐だったが、この時は、後に海軍航空の実力者となるタワーズ中佐が艦長代理で艦を運用しており、太平洋戦争中、航空艦隊を率いて日本海軍と戦うミッチャー少佐も乗艦していた。

タワーズもミッチャーもキャリアを飛行機操縦者として出発した生粋の飛行機屋として米海軍にその名を留める人。ミッチャーはアナポリスの海軍兵学校に入学したものの、二年次になって学業不足と素行不良で退校処分となり、再び入試に挑戦して校長の温情で一年生として再入学したような人で、学業は低空飛行を続け、卒業席次もどん尻に近かった。このような人が後に大将に昇進した。タワーズも個性が極めて強かったがこの人も大将になっている。日本海軍だったら、二人はせいぜい大佐止まりだっただろう。ちなみに、モフェットの卒業席次は三四人中の三一位で最下位といってもよい。学業成績優秀者に偏った日本海軍と米海軍の人事政策の相違だ。この頃になると、水上機母艦が艦隊と共同作戦を行うようになり、戦艦にも水上機用のカタパルト（水上機の発艦装置）が設置され、飛行甲板を持つ空母の概念も生まれた。

この時、モフェットはマスチン、タワーズ、ミッチャーを知り、三人は航空局設置時にトリオを組んでモフェット航空局長を支えた。以上のように、海軍で飛行機が使用された最初は、着弾観測用だった。長距離巨砲の出現により射撃距離が長距離化し、水平線上彼方まで飛ぶ砲弾を艦上で着弾観測することが困難になった。煙幕戦術も出現し、煙幕彼方の敵艦隊所在すら分らなくなるので、飛行機を敵艦隊の上空に飛ばして所在地点を確かめ、着弾観測もさせる必要が生じた。この偵察機と着弾観測機を撃ち落とす戦闘機が現れ、さらに特化した偵察機、爆撃機、雷撃機も出現した。

第一次大戦が始まった年の一九一四年七月、海軍省内に航空室が設置され、翌年の一九一五年、海軍作戦部の創設に伴い、航空室は海軍作戦部に移った。航空室は一九一八年に航空課に昇格。一九二一年三月、モフェットは航空課長に任命された。

半年後の九月、海軍航空行政全般を職掌する航空局が海軍省内に創設され、モフェットは初代局長就任と同時に少将に昇進。以降、飛行船事故で殉職する一九三三年までの一二年間、航空局長として海軍航空の育成に尽力した。敵艦隊探索は巡洋艦の役目なのだが、巡洋艦の建造費は高額だ。モフェットは敵艦隊探索に安価で速度も速い飛行船の活用を考えたのだが、大きな図体に水素ガスを詰めている飛行船は爆発しやすく、大西洋横断豪華飛行船ヒンデンブルク号の爆発事故もあって結果的に採用されなかった。巡洋艦や戦艦などの艦隊勤務を続ければ、戦闘艦隊司令官（戦艦群や空母群を指揮する。大将）や合衆国艦隊司令長官（大将）になる可能性は充分あったが、敢えて航空局長ポストに留まることに執念を燃やした。揺籃期の海軍航空育成が重要なこと、その業務に自分が適していることを自覚していたためだ。

モフェットは一介の武弁ではなく、政治的資質濃厚な軍人だった。海軍航空整備予算案や法律案に関して、入念に対策を図り、関係議員への説明の労を惜しまなかった。世間の風向きにも敏感で、第一次大戦終結直後の反軍思想が高まった時には、部下に公式の場合を除いて軍服着用を禁じて背広着用を求め、自身もそれを実行した。

モフェットは穏健、着実、堅実型だった。これは、行政官、軍政家としては長所であったものの、新戦術を編み出す戦術家ないし独創的戦略を創造する戦略家ではなかった。そこが山本五十六や下述のビリー・ミッチェルとの相違であろう。空軍万能を歯に衣着せず主張し、陸軍上層部を批判したため軍法会議にかけられ、陸軍航空を去ったビリー・ミッチェル（ウイリアム・L・ミッチェル）少将とは違っていた。航空局長就任直後のワシントン海軍軍縮条約によって、巡洋戦艦として計画されていた「レキシントン」、「サラトガ」は航空母艦に改造されことことなった。ちなみに、日本海軍の空母赤城、加賀はそれぞれ巡洋戦艦、戦艦として建造されていたのがワシントン海軍軍縮条約によって航空母艦に改修されたのだ。

艦隊のための石炭輸送艦「ジュピター」を改造した米海軍最初の空母「ラングレー」が竣工したのは一九二二年。最初から空母として設計・建造された世界最初の空母は日本海軍の「鳳翔」である。「レキシントン」や「サラトガ」は独立戦争時の古戦場地名であり、当時著名だった航空流体学権威の名前をとったのが「ラングレー」だ。

一九二五年、海大校長のシムズは議会で、「高速空母のみが戦艦を撃破ないし無力化し得る。この空母は速力三五ノット、搭載機一〇〇機で、これこそが、戦艦以上の攻撃力を持つ主力艦だ」と証言した。海軍主流の考えは、まだその認識には至らなかった。空母が海軍の主力だ、との認識は真珠湾で奇襲を受けるまで主流とならなかった（『米海軍提督と太平洋戦争』）。

第４章✺開戦劈頭のハワイ攻撃作戦

真珠湾攻撃への道のり

ここで、映画「トラ・トラ・トラ！」のハイライトとなる真珠湾奇襲作戦が、どのようにして山本聯合艦隊長官によって実現したかを、眺めておきたい。

太平洋を挟んで日米の巨大海軍国の対立はますます激しくなっていった。昭和一四年七月、米国は日米通商航海条約廃棄を通告。九月、欧州で第二次大戦が勃発。翌昭和一五年九月には日独伊三国同盟が調印。昭和一六年七月、米国は在米日本資産を凍結。同月、日本軍が南部仏印に進駐。八月、米国は対日石油全面停止。日本にとって石油禁輸は重大問題だった。貯油は二年弱しかなく、開戦ともなれば一年そこそこで使い切ってしまう。

駐日米大使ジョセフ・C・グルーは昭和一六年一月二六日付と推定される書信では、「小官の同僚ペルー公使の談によれば、日本側を含む多くの方面より日本は米国と事を構える場合、真珠湾に対する奇襲攻撃を計画中なりとのことを耳にせりと。同公使は計画は奇想天外の如く見ゆるも、あまり多くの方面より伝えられ来るを以て、ともかくお知らせすとの事なりき」と国務省に報告していた（阿川弘之『山本五十六』）。

山本長官も事態がこのまま推移すれば日米間の衝突は不可避と考えざるを得なかった。もともと米国との戦争を避けねばならぬと強く信じていた山本は海軍次官当時、松岡外相が構想し陸軍も強くバックアップした日独伊三国同盟（昭和一五年九月二七日に調印）に、暗殺されることを覚悟で強硬に反対していたし、聯合艦隊長官になってからも対米戦争反対の考えは変らなかった。かつて、ハーバード大学に二年半（大正八年四月～大正一〇年一〇月）留学し、ワシントンの日本大使館附海軍武官として三年間（大正一四年一二月～昭和三年一二月）勤務した山本は米国工業力の巨大さをよく知り、「テキサスの油田とデトロイトの自動車工場を見ただけで日本が近代戦で米国と干戈を交えることは不可能だ」と言っていた。

昭和一六年九月一九日、郷里長岡の後進が押し寄せて山本の話を聞いたが、その席上、一人が「日本には大和魂があるから、米国など恐れるに足らない」と豪語した。山本は「それは違う。米国には米国魂がある。米国魂は科学的基礎に立っているが、大和魂はむしろ暴虎馮河の嫌いがある。大和魂などと自惚れてはいけない。現在、世界を見渡して飛行機と軍艦では日米が先頭に立っていると思うが、工業力の点では全く比較にならぬ。米国の科学水準と工業力を併せ考え、また石油のことだけ取って見ても日本は絶対に米国と戦うべきでない。なお、一言付け加えれば米国の光学及び電波研究は驚くべき進化を遂げている」とレーダー（海軍では電波探信機、陸軍では電波探知機と呼んだ）のことまで言及して一同を戒めた。

聯合艦隊長官になってから、山本は米海軍と従来通りの作戦では勝てないとの思いを強くした。従来通りの作戦とは、ハワイから太平洋を西進来攻して来る米主力艦隊を、その途中において潜水艦が待ち伏せして雷撃すると共に、夜間に駆逐艦が肉迫強行魚雷攻撃して順次その兵力を減じさせつつ、我が兵力とほぼ同兵力となった時点で、日本海軍主力が小笠原諸島沖で待ち構えて決戦を挑む、いわゆる「漸減邀撃作戦」であった。日露戦争時にバルチック海から来攻のロシア艦隊を対馬沖で撃破した日本海海戦を再現しようとするものとも言えた。たとえ小笠原沖決戦で相撃ちとなっても、米海軍は二年間再び来攻は出来ない。その間、外交その他で休戦・講和に持ち込む、という戦略である。

山本が真珠湾攻撃を考え始めたのは何時頃だったのだろうか。

山本長官の下で作戦参謀だった三和義勇大佐の『山本元帥の思い出』によれば、山本が第一航空戦隊司令官（昭和八年〜昭和一〇年）時代、赤城艦上での研究会の席上、前述したように「今、日米開戦となった場合を考えるに、戦勝の端緒をどこに求めるか。大砲でも水雷でもない。ここの搭乗員たちが、魚雷なり爆弾なりを抱いて敵戦艦に体当たりを食らわせるより他は遺憾ながら手はないのだ」と言った。

三和は言う。開戦劈頭のハワイ奇襲も大きな戦略から言えば、立ちあがりの出端の体当りだ。これは緒戦の戦勝の鍵を握っていた。ハワイ奇襲の構想はこの頃から山本元帥の頭の中に萌芽していたのではあるまいか。

聯合艦隊長官就任から一年四か月後の昭和一六年一月七日、筆を執り及川古志郎海相に「大臣一人限御含迄」「誰ニモ示サズ焼却ノコト」と朱記して送付した。その内容は「作戦方針に関する従来の研究は正常堂々たる迎撃大作戦を対象とするものなり。而して屡次図演等の示す結果を見るに帝国海軍は未だ一回の大勝利を得たることなく、このまま推移すれば恐らくジリ貧に陥るに非ずやと懸念せらるる情勢にて演習中止となるを恒例とせり。事前、戦否の決をとらんための資料としてはいざ知らず、いやしくも一旦開戦と決したる以上、この如き経過は断じてこれを避けざるべからず」と述べ、真珠湾に対し開戦劈頭に第一撃を加え「敵の主力艦隊を猛撃撃破して、米海軍及び米国民をして救うべからざる程度にその士気を阻喪せしめる」。

このため兵力としては第一、第二航空戦隊の第一線空母全部を要求して「月明の夜または黎明を期し、全航空兵力を以て全滅を期し、敵を強襲す」とした。最後に「小官は本ハワイ作戦の実施に当りては（聯合艦隊長官から格下げになってでも）航空艦隊長官を拝命して攻撃部隊を直率せしめられんことを切望するものなり」と自分の考えを開陳していた。

山本がこの書簡を作戦職掌の軍令部でなく、軍政（人、物、金を扱う）を担当する海相に提出していることに疑問を感じるが、航空艦隊長官就任への希望伝達の意味で海相宛に書簡を送ったのだろうか。ここで、海軍省、軍令部、聯合艦隊の関係をまとめてみたい。

軍令部は国防、用兵に関する事を掌る軍令機関で「軍令部総長は天皇に直隷し帷幄の機務に参画し、軍令機関を統轄し、国防用兵計画を掌り、用兵の事を伝達す」とされ、「聯合艦隊司令長官は天皇に直隷し、麾下艦隊を総理し、軍政に関しては海軍大臣の指示を受け、麾下艦隊の軍紀、風紀、教育訓練を統監し、作戦計画に関しては軍令部総長の指示を受く」となっていた。

この時点で、聯合艦隊参謀長福留繁少将や、信頼していた先任参謀黒島亀人大佐、戦務参謀渡辺安次中佐にも、及川海相宛書信の内容は伝えていない。海相宛書信から約一週間後に、第一一航空艦隊（鹿屋に司令部を置く基地航空部隊）の参謀長大西瀧治郎少将に大臣宛書簡の要点をまとめて送り、直ちに研究を開始して速やかに結果を報告するよう求めた。

大西は有明湾に停泊していた旗艦長門に一月二六日（あるいは二七日）の午後訪れ、山本長官と二人でこの件について腹蔵なく話し合った。鹿屋に帰った大西は先任参謀前田孝成大佐に、山本長官の考えに基づくとは話さず、真珠湾の米艦隊を雷撃することの可能性を尋ねた。前田は「雷撃には技術的に不可能。湾内の水深は浅すぎる」と応えた。

及川海相宛書信の一七日後の昭和一六年一月二四日付書信で山本は、笹川良一に次のような書信を送っている。「海に山本在りとて御安心などは迷惑千万にて小生は単に小敵たりとも侮らず、大敵たりとも懼れずの聖諭を奉じて日夜孜々実力の錬成に精進し居るに過ぎず、恃む処は惨として驕らざる十万将兵の誠忠のみに有之候。日米開戦に至らばわが目ざすところ素よりグワム、菲律賓《フィリッピン》にあらず、将又《はたまた》布哇《ハワイ》、桑港《サンフランシスコ》にあらず、実に華府《ワシントン》街頭白亜館《ホワイトハウス》上の誓ひならざるべからず。当路の為政家、果して此本腰の覚悟ありや」とし、政治家はこの覚悟があるのか、と問うている。日米戦争となれば、陸軍をカリフォルニアに上陸させ、軍を米大陸を横断してワシントンまで進軍させる、軍艦をニューヨークのハドソン川に浮かべて、ホワイトハウスで城下の誓いをさせることなど不可能。それに対して米軍は日本に上陸して首都東京を占領出来ることを言外に匂わせている。

半年後の昭和一六年六月一六日付書信で山本は笹川良一に次のような書信を送った。

「あの劣弱の蒋（介石）を屈し能はざる日本とすれば、如何にして英米を屈し、如何にして東亜の新秩序などと言へるか不思議なり。世人は宜敷冷徹一番物を正しく検討して見るを要す。率直大胆に。若し夫れ英米海を蔽ふて武力来攻の際は、昭和の御代豈一人の相模太郎なしとせむや」。相模太郎とは、元寇と言われる文永一一年（一二七四年）の「文永の役」と弘安四年（一二八一年）の「弘安の役」を指揮し、九州に来寇した蒙古大軍に断固として立ち向った鎌倉幕府の執権北条時宗（文永の役時点で二四歳）である。頼山陽は時宗を「相模太郎、肝甕の如し（肝が甕のように大きい）」と讃えた人。若し、米英軍が海を蔽うて来攻して来るならば、不肖山本も昭和の相模太郎となって受けて戦う、の意思を開陳したものだ。

昭和一六年二月初め、大西は第一航空戦隊航空参謀源田實中佐に私信を送って、至急来隊されたし、と伝える。

山本が自分の参謀長や先任参謀に研究を命じなかったのは、福留参謀長が航海畑を経歴として来た者で、また黒島先任参謀は砲術畑を専ら進んで来た者だったからと思われる。源田参謀が大西の許を訪れたのは二月中旬だった。大西は「これは極秘である。誰にも話してはならぬ」と厳重な注意を与えて山本長官からの書簡を渡した。

読み終えると、源田は言った。「難しい計画ですが、不可能ではありません」。源田は乗艦の空母加賀に帰り、憑かれたように作業を進め、二週間後に計画案を大西に手渡した。大西が源田案に若干の手を加えて山本長官に手渡したのは三月初めであった。それから約二週間後の三月の某日、山本は黒島先任参謀と渡辺戦務参謀を長官室に呼んで自分の構想を打ち明けた。
このようにして真珠湾奇襲計画は聯合艦隊幕僚の手に移り、黒島は他の幕僚にも研究にかからせた。たたき台となったのは源田案であった。

若干期日後、黒島は上京して軍令部との連絡打ち合わせの際、真珠湾奇襲構想を口頭で伝えた。軍令部は聞き置くとの反応であった。

五月初め、大西が上京した時、先に山本長官に提出した計画案を軍令部福留作戦部長に提出して保管を求めた。福留は航空作戦担当部員三代一就《かずなり》（当時は辰吉）中佐にも見せなかった。

日米間の緊張緩和を目的とした日米交渉がワシントンで進められていたが、妥協点を見出すことは難しくなっていた。二年前の昭和一四年九月一日には独軍がポーランドに侵攻して第二次大戦が始まっていた。前年の昭和一五年九月二七日には日独伊三国同盟が締結されており、この年の昭和一六年四月一三日には日ソ中立条約が調印されたが、その約二か月後の六月二二日、独ソ戦が勃発。欧州情勢の急変は日本の外交方針に影響を与えた。七月二日、御前会議で南部仏領インドシナへの進駐を含む強硬策が決定され、同月二八日には南仏印に陸軍が進駐を開始し、米国は直ちに在米日本資産を凍結して、石油の対日輸出を禁止。英、加、蘭も米にならった。

昭和一六年四月、軍令部作戦部長であった宇垣纏少将を聯合艦隊参謀長に転出させようとした時、山本が宇垣を敬遠したため、宇垣の参謀長への転出は同年八月まで待たねばならなかった。軍令部との折衝は主として黒島先任参謀と渡辺戦務参謀で、参謀長となった後も宇垣は殆ど参加していない。好き嫌いの激しい山本と宇垣との間はすっきりせず、宇垣はある人に「戦さは山本さんと黒島がやっていて俺はただぼんやりとしているだけだ」と自嘲気味に洩らしている。

第一航空戦隊（赤城・加賀）、第二航空戦隊（蒼龍・飛龍）はそれぞれ、第一艦隊、第二艦隊に別個に編成されていたのが昭和一六年四月一〇日、母艦部隊として統合され、第一航空艦隊となった。世界初の航空艦隊であった。初代司令官は航空に素人の南雲忠一中将が任命された。海軍省人事局としては南雲の参謀に航空のベテラン源田實少佐を付ければよい、と考えたのであったが、南雲を長官に据えたことは航空艦隊の大欠陥となって、ハワイ奇襲攻撃に際しても、ミッドウエー海戦でも、この人事のミスが露呈した。海軍省人事局の考えは平時では通用するが、一瞬の戦機が勝敗を決する航空作戦では、司令官の即決が不可欠なのだ。

重大な航空作戦の決断に際して、参謀に頼っていたのでは戦機を逸する。航空艦隊司令部の実態を知る人々は南雲艦隊ではなく、源田艦隊と呼んで揶揄していた。後にミッドウエー海戦で参加空母四隻が全滅した時、山本長官が最初に幕僚に尋ねた一言は「源田は生きているか」だった、と航空艦隊参謀長だった草鹿龍之介は言い、「長官の源田に対する信頼、推して知るべし」と戦後に語っている。第二航空戦隊司令官山口多聞少将は南雲を信用せず、真珠湾奇襲時にも、ミッドウエー海戦時にも、盛んに意見具申を手旗信号や発光信号で伝えたが、南雲は決断出来なかった。戦いの後から考えれば、山口の意見具申が正しかった。

八月初め、黒島先任参謀と水雷参謀有馬高泰中佐が上京し、軍令部作戦担当部員と対談した。

軍令部としては、①南方資源地帯確保のための南方作戦の速やかな完遂が最重要で、それには母艦兵力を必要とする、②ハワイ空襲作戦は投機的であるばかりでなく、真珠湾の浅い水深に対応する雷撃は目鼻が立っていない、③水平爆撃、急降下爆撃では米艦隊に損傷を与え得るも致命的打撃にはならない、と応じた。黒島は、南方作戦を実行する上で最大の脅威となる米艦隊を開戦第一日に真珠湾で撃滅することこそ、重用であると熱弁をふるったものの議論は平行線で終った。

映画「トラ・トラ・トラ！」でも、重要な役割を占める黒島亀人を山本が重用したエピソードを前述の三和義勇の『山本元帥の思い出』は次のように語っている。

当時、三和は聯合艦隊司令部の作戦参謀、黒島は先任参謀だった。ある晩のこと、三和と黒島は作戦室で激論していた。時間は深夜の一一時に近かった。この時、山本長官がぬっと入って来て「何だい。何をケンカしてるんだ」、と言って椅子に腰を下した。この時、山本は次のことを言った。「黒島君が作戦に打ち込んでいるのは誰も知っている。黒島君は人の考えの及ばぬ所、気付かぬ所に着眼して、深刻に研究する。時には奇想天外な所もある。しかも、それを直言して憚らぬ美点がある。こういう人がいなければ天下の大事は成し遂げられぬ。だから、僕は誰が何と言おうと、黒島君を離さないんだ。そりゃ、黒島君だって、全智全能の神様ではない。欠点もあることはよく知っている。黒島君だって自分で知っているだろう。そこは三和君が補佐すればいい」。黒島大佐は両手で頭を抱えて机の上にうっ伏していた。三和は言う。この知己の恩に対して、黒島大佐は万感胸に迫り、言うべき言葉はなく、あるいは泣いておられたかも知れぬ。

山本長官が、黒島先任参謀に大きな期待をしていたかがわかる三和の思い出だ。

山本は尋常な作戦では、米国に勝てないのを熟知していた。黒島の頭脳から尋常でない作戦を期待していたのだ。山本は自分の意見を持ち、それを堂々と開陳する者を評価する人だった。真珠湾奇襲を受けた後の太平洋戦争中、米海軍トップだったキング合衆国艦隊長官は参謀長エドワーズ少将の常識的センスを買っていた。戦力に余裕があり、正々堂々の戦略と戦術で勝てると考えていたキングと、正常の戦略・戦術では勝てぬと考える山本の違いが参謀の選択で違っていたことが知れよう。

九月六日、御前会議が開かれ「帝国は自存自衛を全うするため、米英蘭との戦争も辞さない決意の下、一〇月下旬を目途に戦争準備を整える」との決意がなされた。

九月一一日から東京目黒の海軍大学校で聯合艦隊の図上演習が二〇日まで延々と続けられた。海軍大学校四階には、いくつかのコマに区切られた中央の大ホールがある。一一日には演習の打合せ、一二日から一六日までの一般図上演習は、各艦隊、各戦隊の主要幕僚が参加し、山本長官統裁のもとに西太平洋管制作戦（南方、南洋への先遣部隊作戦）としてこの中央大ホールで実施された。中央大ホールから東側の階に山本長官と聯合艦隊司令部の部屋、それに入室を厳重に制限した特別室があった。この特別室で一六日から一七日にかけハワイ作戦に関して別途二日間に亘ってハワイ作戦の特別図上演習が行われ、参加者は山本長官とその幕僚、第一航空艦隊の各司令官とその参謀長、航空参謀が参加した。軍令部関係者は第一部長（作戦部長）、第一課長（作戦課長）と同課員で、オブザーバーとして出席し、軍令部側の意見は開陳せず、永野修身軍令部総長は招かれたが参加しなかった。

作戦を掌る軍令部のトップ責任者が開戦劈頭の重大作戦の図上演習に参加しなかったのは如何なる理由だったのだろうか。米海軍なら考えられないことで、昭和日本海軍の幕僚まかせの悪風なのではなかろうか。一八日から二〇日までは、一般演習に関しての研究会であった。

山本の不退転の決意

第二回目の聯合艦隊側と軍令部側の討議は軍令部で九月二四日に行われた。聯合艦隊側は参謀長宇垣纏少将、第一航空艦隊参謀長草鹿龍之介少将、第一航空艦隊参謀源田實中佐、軍令部側は福留繁作戦部長等が参加した。軍令部は真珠湾作戦を危険性が大きすぎると指摘。聯合艦隊内部の艦隊長官クラスにも軍令部と同じ意見が少なくなかった。

ハワイ作戦の主力となる第一航空艦隊長官の南雲忠一中将、草鹿参謀長は作戦に懐疑的で、山本から最初に立案を依頼された大西少将まで草鹿の悲観論に同調するようになり、危険性の大きな真珠湾作戦を中止し、母艦兵力で比島作戦を強力に支援すべしとの意見に変った。草鹿、大西の両少将は一〇月初め、共に旗艦長門に山本長官を訪れ、それぞれ意見を開陳。それでも、山本の信念は動かなかった。「俺がトランプや将棋が好きだからといって、そうバクチ、バクチと言うなよ」と受け流し、黒島先任参謀に反論させた。大西は黒島の意見を受け入れたようだったが、草鹿は説得されなかった。

その夜、草鹿が自艦の赤城に帰ろうとした時、山本は異例の舷門まで送り草鹿の肩を軽くたたき「君の言うことはよく分った。しかし、聯合艦隊長官として自分はどんな犠牲を払っても真珠湾攻撃をする決心だよ。だから、今後はこの計画を進めるよう全力を尽くしてくれ」と真剣さを面に現して言った。

山本の固い決心を知った草鹿は、その瞬間から山本長官のために全力を尽くそうと誓った、と草鹿は戦後回想している。

一〇月一一日、山口県室積沖に停泊していた長門艦上で聯合艦隊の第二回図上演習が行われた。九月の海軍大学校での図上演習結果が不満足だと思った山本は基本作戦計画となる聯合艦隊作戦命令第一号を出すに先立って、作戦に伴う困難と誤解を取り除こうとしたのだ。草鹿と大西は説得したが、艦隊長官クラスには南雲第一航空艦隊長官も含めて真珠湾作戦の妥当性に疑問に思う空気が残っていた。

山本は、この図上演習の後、皆の述べた点は良く分かった、充分に考察するとして、この作戦は日本の全般的な戦略上、欠くことの出来ない重要なものであって「自分が聯合艦隊長官である限り、必ずやるつもりだ」と断言。この山本の一言で雰囲気は一変し、それ以降、聯合艦隊の中では一切の口論、抗議、不平は無用であることを知った。研究会が終った後、軍令部の三代一就航空作戦担当部員は、聯合艦隊の佐々木彰航空参謀との討議でハワイ作戦に第一、第二航空戦隊の空母四隻を、比島作戦には第五航空戦隊（翔鶴・瑞鶴）を充当する案を初めて示した。ハワイ作戦に強く反対していた軍令部の最初の譲歩であった。当の第一航空艦隊はこの妥協案に不満で、六隻の空母全部を投入すべしとし、山本は草鹿を上京させて軍令部と交渉させることとした。

一〇月一五日、草鹿は艦上攻撃機に乗り、上京。軍令部では作戦課長の富岡定俊大佐と面談するも、富岡は頑として第一航空艦隊の要望を採らない。草鹿は、再び機上の人となって長門に向った。草鹿から話を聞いた山本は「よし！今から直ぐに誰かを軍令部にやる」と一言。翌日の一〇月一八日朝、黒島先任参謀は機上の人となって東京に向った。その時、山本はとっておきの切り札を黒島に与えて、必要な場合にはそれを使えと命じた。

軍令部に行くと、富岡課長は三代航空作戦担当部員と話をしている所だったが、黒島は直ぐに、「一体、軍令部は作戦を認めるのか、認めないのか、認めるのならば第一航空艦隊に母艦六隻が必要だ。山本長官は作戦計画のために速やかな返答を要求している」と切り出した。富岡は、何回も繰り返して来た母艦六隻使用に反対の理由を改めて開陳。黒島が大声で山本長官の考えを述べても富岡課長は譲る気配がない。黒島は、「山本長官はこの作戦が採用されることを主張しておられる。もし、この案が採用されない場合には皇国の防衛に対して、もはや責任が持てないと伝えよと言われた。長官はその職を辞する他ない。我々全幕僚もそうである」と伝家の宝刀を抜いた。

開戦があと一か月余に迫った今、聯合艦隊長官を更迭するなど考えられない。即刻、上司の決裁が必要であると判断した富岡課長は、黒島を福留作戦部長の所へ連れて行き、福留は次長の伊藤整一中将の所へ連れて行った。福留はこの年四月まで山本の参謀長であり、伊藤は福留の後任として同年九月まで山本の参謀長として仕えていたから山本の真珠湾作戦に関る信念を知り尽くしていた。伊藤次長は福留部長と富岡課長を伴って、軍令部総長永野修身大将の決断を仰いだ。次長と部長の説明を聞いた永野総長は、「山本は誰よりも徹底してこの問題を研究しているのだし、聯合艦隊の攻撃能力にそれほど確信があるのなら、山本に作戦を実施させるのが恐らく最善だ」と言った。

真珠湾作戦は作戦を職掌する軍令部の了承が必要だったものの、軍務（人、金、物を担当）を担当する海軍省とは直接的な関係はなかった。海軍政策を扱う海軍省軍務局第二課長石川信吾大佐は真珠湾攻撃計画を聞いた時、軍令部第一課（作戦課）の神重徳作戦参謀に「これは大バクチだ。うまく当たればよいが、当たらなかったらそれきりだ。このような独善的なやり方は駄目だと思うがどうだ」と聞いたら、神参謀も「私も同感だ。しかし永野総長が聯合艦隊長官の作戦を規制する訳にはいかない、たとえ、しくじっても、後の作戦がやれるようにしてやれ、と言われたので仕方ないのだ」と言った。これは石川の戦後の回想である。

永野総長が決断した同じ日の昭和一六年一〇月一八日、東條内閣が発足し、山本と海兵同期の嶋田繁太郎が海相に就任。その一週間後の一〇月二四日付で山本は嶋田宛に次のような内容の書簡を送った。「昨年来、しばしば、図上演習並びに兵棋演習等を演練せらるに、要するに南方作戦がいかに順当に行きても、そのほぼ完了せる時機には甲巡（重巡洋艦）以下小艦艇には相当の損害を見、特に航空機に至りては毎々三分の二を消尽し（あと三分の一も完全なるものは殆ど残らざる実況を呈すべし）いわゆる海軍兵力が伸び切る有様と相成るおそれ多分にあり。しかも航空兵力の補充能力甚だしく貧弱なる現状においては続いて来るべき海上本作戦に即応することと至難なりと認めざるを得ざるを以て種々考慮研究の上、結局、開戦劈頭、有力なる航空兵力を以て敵本営に切り込み、彼をして物心共々に当分起ち難きまで痛撃を加うる他なしと考うるに立ち至る次第に御座候。米将キンメルの性格及最近米海軍の思想と観察より彼必ずしも漸進正攻法のみに依るものとは思われず、而して我が南方作戦中、皇国本土の防衛実力を顧念すれば真に寒心にたえざるもの有之、幸い南方作戦比較的有利に発展しつつありとも、万一敵機が東京大阪を急襲し一朝にしてこの両都府を燃尽せるが如き場合は勿論、さほどの損害なしとするも、国論は果して海軍に対して何と言うべきか」と、後のドーリットル東京奇襲（昭和一七年四月一八日の米空母から発艦の米陸軍爆撃機による）の如き事態に考えを及ばせている。

山本は更に、「聴くところによれば、軍令部第一部（作戦担当部）等においてこの劈頭の航空作戦の如きは結局、一支作戦に過ぎず、且つ成否半々の大賭博にしてこれに航空艦隊の全力を傾注するが如きは以ての外なりとの意見を有する由なるも、支那作戦四年疲弊の余を受けて米英支との同時作戦に加うるに対蘇（ソ連）も考慮に入れ、欧独作戦の数倍の地域に亘り持久作戦」は非常に無理があるとしつつ、次のように続ける。「艦隊担当者としては到底尋常一様の作戦では見込みたたず、結局、桶狭間と鵯越越えと川中島とを合せて行うの已むを得ざる羽目に追い込まれる次第に御座候。此辺のことは当隊先任参謀上京説明により一応同意を得たる次第なるも、一部には主将たる小生の性格ならびに力量等にも相当不安を抱きおる人もあるらしく、この国家の超非常時には個人のことなど考うる余地も無之、且つ元々小生自身も大艦隊長官として適任とも自任せず、先に（昨一五年一一月末）総長殿下（伏見宮）ならびに及川前大臣には米内大将の起用を進言せし所以に有之候えば、右事情等十分御考慮下され、大局的見地より御処置のほど願上候。（中略）（ハワイ作戦は）安全蕩々たる正攻的順次作戦に自信なき窮余の策に過ぎざるを以て、他に適当の担当者有らば欣然退却躊躇せざる心境に御座候」として、最後に「なお、大局より考慮すれば日米英の衝突は避けらるるものならば之を避け、この際、隠忍自戒、臥薪嘗胆すべきは勿論なるも、それは非常の勇気と力を要し今日の事態まで追い込まれたる日本が果して左様に転機し得べきか。申すも畏きことながら、唯残されたるは尊き聖断の一途のみと恐懼する次第に御座候」と結んでいる。

世界初の航空艦隊創設―真珠湾攻撃戦術手段の第一歩―

終戦時の聯合艦隊長官だった小沢治三郎中将は航空戦術に見識のある提督だった。昭和一四年一一月、第一航空戦隊司令官となって空母赤城に着任。初めての航空戦隊指揮経験だったので、かねてからの航空兵力運用研究に関し画期的な演練を実施、母艦航空部隊の集団攻撃とその統一指揮の演練に取り組んだ。赤城の飛行隊長は、後にハワイ攻撃時の飛行総隊長となる淵田美津雄少佐だった。

小沢はこれらの演練を通じた経験から淵田飛行隊長に「母艦航空兵力こそが艦隊決戦におけ

る主攻撃兵力だよ。しかし、航空攻撃は精鋭主義もさることながら、量だね」と言った。

戦後、小沢は口癖のように、「俺に航空戦術を教えてくれたのは、山岡三子夫大尉、樋端久利雄大尉、木田達彦中佐だ。山岡からは、空母は主力艦（戦艦）の腰巾着のようにその視界内に控置しておくべきでなく、風向き、風速によって自由に行動させ、敵艦隊の偵察、攻撃に積極的に使用すべきことを、樋端からは、空母の飛行機は全部集めて集団として使用し、総合的な攻撃力を発揮させるべきことを、木田からは、母艦を飛び立った飛行機は航空通信によって艦上から自由自在に指揮官の思うように使用すべきことを教わった」と言った。ここで出て来る樋端久利雄は、これほど頭脳の鋭い人は海軍兵学校卒者の中で樋端の前後数クラスにいない、昭和の秋山真之だと言われたパイロット出身者で、山本長官の航空甲参謀として、山本と同乗機でソロモン上空に戦死している。

当時、第一艦隊（山本聯合艦隊長官が兼任）所属の第一航空戦隊は、空母加賀が改装のため長期工事中だったため空母赤城一隻で、第二艦隊（古賀峯一長官）所属の第二航空戦隊は空母飛龍一隻だけで空母蒼龍は編入されていなかった。所属がそれぞれ第一艦隊と第二艦隊に分れているので、自由に合同しての集団攻撃訓練は難しかった。やむなく陸上の基地航空隊と合同訓練するのだが、目に見えるもののない洋上では空中集合地点での会合が困難で、待機中に費やす燃料の消費も問題だった。訓練を重ねているうちに、淵田飛行隊長は大編成隊群を同じ所から発進させれば空中集合の難問題は一気に解決することに気付いた。四隻の空母がいるなら四隻を一つに編成すればよい。淵田少佐は小沢司令官に建制の一個航空艦隊の編成を進言。

訓練終了後、小沢第一航空戦隊司令官は航空艦隊創設の考えにつき聯合艦隊司令部を訪れ相談したが、参謀長以下幕僚達は消極的だった。第二艦隊にも意見を提出したものの、空母は戦艦の補助的存在だと考える古賀峯一長官は反対。このため、小沢は海軍大臣宛に昭和一五年六月九日付で独立航空艦隊創設に関し、下記のような具申書「航空艦隊編成に関する意見」を提出。併せて、この意見書の「写し」を小沢は山本長官（第一艦隊長官を兼任）、古賀峯一第二艦隊長官、伏見宮博恭軍令部総長の三人に送付した。

この意見書では結論として「現平時編成中の聯合艦隊航空部隊は一指揮官をして之を統一指揮せしめ、常時同指揮官の下に訓練し得る如く、速やかに聯合艦隊内に航空艦隊を編成するを要す」とし、その理由として、「海戦における航空威力の最大発揮には適時適所に全航空攻撃力を集中するに在り。而して右攻撃力の集中は平時より全航空部隊を統一指揮し、建制部隊として演練し置かざれば航空戦の特質上戦時即応すること困難なり」とし、更に「平時より航空艦隊を編成して研究訓練を重ね置かざれば、戦時急に之を行はんとするも其の運用宜しきを得ず、攻撃力の発揮に欠く所あるべきは本年度前期に於て第一、第二航空部隊及び第一連合航空隊を軍隊区分に依り臨時的に一指揮下に入れて訓練を重ねたるも遂に満足なる成果を得ること能はざりしに鑑み明らかなり」とした。この意見具申が実現したのは翌年の昭和一六年四月一〇日で真珠湾攻撃を当面の目標として第一航空艦隊（長官南雲忠一中将、参謀長草鹿龍之介少将、航空参謀源田實中佐）が編成された。ハワイ攻撃の前八か月であった。昭和一五年三月の聯合艦隊訓練の時点で小沢が第一航空戦隊司令官でなかったらハワイ奇襲作戦もあのようにうまくいかなかっただろう、と言う人もいる。新空母の翔鶴、瑞鶴が竣工し一〇月には次のような編成となった。護衛の駆逐艦による駆逐隊は省略。

第一航空戦隊：赤城、加賀。第二航空戦隊：蒼龍、飛龍。第四航空戦隊：龍驤、大鷹。第五航空戦隊：翔鶴、瑞鶴。

山本五十六と淵田美津雄総飛行隊長

総飛行隊長として真珠湾奇襲時の航空部隊を率い、ハワイ上空から「トラ・トラ・トラ（我奇襲に成功せり）」を発信したのは淵田美津雄中佐。

少佐当時の淵田美津雄は荒武者中の荒武者だった。山本が聯合艦隊長官として、旗艦長門に着任した時には、持ち前の奈良弁で、「山本五十六ちゅうのは妙に、イギリス、アメリカ好きで、弱いらしいぜ。腰ぬけとちがうか」と公言していた。

山本が聯合艦隊長官になった直後の昭和一四年一〇月、日向灘で演習があった。淵田少佐率いる雷撃機二七機は山本座乗の旗艦長門が探照燈を照射し、高角砲の弾幕を張りながら必死に逃げようとするのを執拗に捉えて離さず、暗夜放った訓練用の魚雷を全部名中させた。長門の戦闘艦橋で見ていた山本は、航空参謀に「あれは誰だ？」と尋ね、「雷撃訓練作業見事なり」と電報を打たせた。山本には「やって見せて、言って聞かせて、させて見て、褒めてやらねば、人は動かじ」の歌があるが、部下の言動を褒めることは例外的で、「ご苦労」との言葉をかけ

ることすら稀だった

山本はこの時、初めて淵田という少佐の存在に注目した。褒められて嬉しくなったからか、淵田は、「腰ぬけや思うとったら、今度の長官、案外やるやないか」と言うようになった。

昭和一五年三月下旬の聯合艦隊訓練の際、第一航空戦隊赤城の雷撃隊が第一艦隊の戦艦戦隊を攻撃した。淵田隊長率いる三六機は次々に魚雷を発射し四隻の戦艦に三二本の魚雷を命中させた。当時、戦艦を沈めるには、水面下の横っ腹に巨大な爆破口を開ける魚雷が一番効果的だと考えられていた。昭和一五年のこの戦技演習でどう回避しても戦艦が飛行機にやられる。旗艦長門艦上からこれを見ていた山本長官は傍らの福留繁参謀長に「空母によるハワイ攻撃は出来ないものかな」と洩らした。山本が具体的なハワイ作戦の考えを口にした最初であった。

また、別の研究会の後でも、「今までの、半分潜水艦に頼った軍令部の漸減邀撃作戦というのは、どうも少し危なくないか。迎え討つという戦法、成功するとは思えないぞ」と言ったこともあった。対米戦争になったら、長駆して開戦劈頭ハワイの米太平洋艦隊を叩くとの構想は、この時期から少しづつ山本の頭の中に熟していった。

真珠湾奇襲の作戦計画の詰めを行っていた第一航空艦隊参謀源田實は、山本から「攻撃隊は、誰に率いて行かせるつもりか」と質問され、「私のクラスの淵田に行かせようと思います」と応えると、山本は「オウ」と会心の笑みを浮かべた。

鹿児島海軍航空隊基地で二百数十機に上る連合集団訓練の指導に多忙を極めていた赤城飛行

隊長淵田美津雄少佐に昭和一六年九月下旬、海兵同期の第一航空艦隊航空参謀の源田實少佐が訪れた。源田が「内密の話がある」と言うので、私室に案内すると、「実はな。今度貴様は真珠湾空襲の空中攻撃隊の総指揮官に擬せられているんだ」と言うので、「真珠湾空襲って何だ？」と聞くと、源田はその概要を教えてくれて言った。

「しかしね。具体的には未だ色々な問題がある。それで、今から赤城に一緒に行って欲しい。参謀長室にはオアフ島の模型も出来ているし、真珠湾の情報資料も揃えてある。南雲長官や草鹿参謀長にも立ち会って貰って真珠湾の空襲計画とその裏付となる飛行隊のこれからの訓練について打ち合わせたい」

話を聞いた淵田は源田と二人で、志布志湾に入泊していた赤城に赴いた。赤城の参謀長室には中央に二畳ほどのオアフ島の模型が置かれていた。参謀長室に南雲長官、草鹿参謀長、それに参謀達がいて、ここでの源田の説明でハワイ空襲計画の大体の筋が分った。源田説明の後、「この海図で見る真珠湾の水深は一二米しかない。これでは浅すぎる」と淵田は疑問を伝えた。

当時の日本海軍の雷撃方法は、高度一〇〇米、目標まで一〇〇〇米で魚雷を発射していた。投下された魚雷は水中六〇米程沈んでから上向きになって、その後は深度六米に保って目標に向かって走る。源田は淵田に「工夫はないものかね」と言う。話を聞いた雷撃機乗りを誇りにしている淵田は、心が動かされ「水深一二米の真珠湾に何とかして魚雷をぶち込んでやろう」と誓った。「万一に備える空襲計画に沿うよう訓練を進めて欲しい。しかし、これは軍機中の軍機であって、まだ一般飛行隊員には知らせる時期ではない。淵田隊長はこれを胸に畳んで訓練に移して貰いたい」と草鹿参謀長は命じた。

水深一二米というのがネックであった。訓練は発射高度を一〇米の海面すれすれにして発射時の姿勢を機首角度〇度（水平）、機速一六〇ノットとし、発射魚雷を浅くスキップさせようと狙った。訓練を重ねたがどうしても、発射された魚雷は二〇米まで潜ってしまう。その後、安定器のひれを付けた改良型魚雷が供給されて来た。これを使ってみると、なかなか成績がよい。実際のハワイ攻撃では、雷撃機四〇機のうち、五機が撃墜され、残りの雷撃機から発射された二七本は全部敵艦に命中した。米海軍が魚雷防御網を施していなかったのは、水深一二米の真珠湾では空中からの魚雷攻撃は不可能と考えていたからだった。昭和一六年一〇月一五日、源田、淵田は中佐に進級。

その後、鹿児島湾などでの訓練の様子に関して、山本長官がまだ不安らしいことを聞いた淵田は、「長官に一抹の不安が残ってたら、行く者かて気持悪い。よっしゃ。俺、長門に行って直接長官に話して来る」と言い、長門に乗り込んで面会を求め、「母艦全部を使って演習をやらせて下さい。佐伯湾を真珠湾に仮定して、こちらは足摺岬あたりから接敵運動を開始し、最後の仕上げに佐伯湾を叩いてみせます」と要求した。この最後の特別演習は、一一月三日の夜半過ぎから発動され、四日早暁、実戦通り、日の出三〇分前に航空部隊は六隻の空母から発艦した。水平爆撃隊、急降下爆撃隊、雷撃隊、制空隊（戦闘機隊）の四群に分れて佐伯湾に殺到し、各種行動のうえ、母艦に帰投。演習は三日間にわたって行われた。

淵田が山本長官に会い、「長官。満足してくれましたか」と駄目を押すと、「よろしい。満足した。君ならやれる」と山本は淵田を励ました。

真珠湾奇襲後、日本に帰った淵田を山本は直ちに呼び、淵田が急遽赴くと山本は、「オウ。隊長来たか」と淵田を迎え「よくやったぞ」と言って握手を求めている。

賽は投げられたり

昭和一六年一一月八日、山口県岩国海軍航空隊で、ハワイ攻撃指揮官達を集めた最後の打合せがあった。山本長官は「もし、対米交渉が成立したならば、一二月七日午前一時までに出動部隊に引揚を命令するから、受けたら各艦隊は即時撤退しなければならぬ」と訓示。すると、二、三の指揮官から「それは実際上到底実行出来ない無理な注文だ」との意見が出た。山本は立ち上って指揮官達を厳しく見渡しながら「百年兵を養うは唯、平和を護らんがためである。もし、この命令を受けて帰られぬと思う者があるならば、只今から出動を禁ずる。即刻、辞表を出せ！」と厳命したため、満座粛然として一語を発する者がなかった。

一一月一七日、機動部隊がハワイ奇襲のため、日本内地を出て行く日であり、各艦はその前日までに大分県の佐伯湾に集合していた。

この日の午後、旗艦赤城の飛行甲板に集合した各級指揮官、幕僚、それに飛行科士官を前に、山本長官は「今度我々の相手にする敵は、我国開闢以来の強敵である。我国は未だかつてこれ程の豪の者と戦ったことはない。相手にとって毛頭不足はない。敵の長官キンメル大将は数クラスを飛び越えて合衆国艦隊の長官に任命された人物であり、極めて有能な指揮官であることを付け加えておく」と壮行の辞を述べた。聯合艦隊参謀長宇垣纏は日記「戦藻録」に「切々主将の言、肺腑を衝く。将士の面上、一種の凄味あるも一般に落付あり（略）神護により願わくば其の目的を達せられんことを」と記している。山本はキンメルを少し買いかぶっていたように思える。太平洋艦隊長官リチャードンは、海軍大演習後艦隊をハワイに留めて置けとのルーズベルト大統領の命令に、ハワイは艦艇修理設備が整っていないし、日本軍から奇襲される危険性もあると大統領に直言したため、不興を買って直ちに更迭され、後任にキンメルが任命された経緯があった。キンメルは見識・力量に優れた提督ではなく、どちらかと言うと凡庸な人物だったのだが、大統領が海軍次官時代に副官を務めて気に入られ、ルーズベルト閥の一員となり、大統領の「鶴の一声」で先任者四六人を飛び越えて、少将から中将を経ずに大将ポストの太平洋艦隊長官に就任していた。前任者リチャードソンはアナポリス一九〇二年卒、キンメルは一九〇四年卒なので二期下が本当だ。

機動部隊旗艦赤城は、昭和一六年一一月一七日の夜、誰一人見送る人もなく大分県の佐伯湾をひそかに出港して択捉島単冠湾に向った。迂回航路をとり、途中訓練を行いながら二一日、単冠湾に入泊。二二日空母加賀の入泊を最後に三〇隻を超える艦隊の勢揃いが終った。真珠湾奇襲については、ごく少数の関係者しか知っておらず、聯合艦隊麾下の航空艦隊以外の各長官、幕僚といえども一向に知らなかった。実際、この作戦実施に当った機動部隊将兵にしても千島列島択捉島単冠湾《ひとかっぷ》で初めて封鎖命令（何日何時あるいは、到着場所を限定した封書で、その時まで開封が許されない）によって初めて内容を知ったのであった。

一一月二六日、午前八時、赤城以下機動部隊は一斉に抜錨して壮途につく。艦内に空所の少ない軽巡洋艦、駆逐艦は燃料重油を詰めた石油缶を甲板上に山のように積んでいる。大艦も多かれ少なかれ同様だ。

南雲機動部隊司令部航海参謀雀部利三郎中佐は戦後、クラス会誌に当時の模様を次のように寄稿している。

「一一月二六日、千島の単冠湾を出航して以来、毎日変化極まりない北太平洋の冬季天候や海潮流と取組み、三〇数隻の大艦隊である機動部隊を如何にして隠密に且つ予定の時期に、単冠湾から二千哩の風波を超えてハワイ北方地点に持って行くかに全精力と全神経を結集した。出航以来、勿論着の身着のままだ。寝食も艦橋真下の作戦室。（中略）真珠湾攻撃の前日には各艦とも乏しい水を使って風呂を沸かし、下帯から下着まで着替えた。着衣後、爪と髪を切って半紙に包み、これだけが此の世に残るかも知れぬと思いながら引き出しに収めた」

ハワイへ向かう途中で、遂に一二月二日「ニイタカヤマノボレ。一二〇八（開戦日は一二月八日）」の無電をハワイ攻撃機動部隊と先遣部隊は受信。これは予定通り攻撃を決行せよとの命令だった。

壮途の途中、草鹿参謀長は南雲長官から「参謀長。君はどう思うかね。僕はえらいことを引き受けてしまった。僕がもう少し気を強くしてきっぱり断ればよかったと思うが、一体出るには出たがうまく行くだろうか」。専ら水雷畑を歩んで来た南雲が航空艦隊長官になったのは、士官名簿の順位からであった。昭和の海軍は学歴と士官名簿にがんじがらめになった人事を行った。山本が信頼していなかった南雲を不慣れの航空艦隊の指揮官にしたことも、昭和海軍人事のミスの一つだ。海軍人事局は航空専門で育った参謀を付ければよいと考えたのであろうが、一瞬の判断が要求される航空戦では指揮官が参謀に頼っては戦機に対応出来ない。どうしても及び腰になって、とにかく一勝すれば状況不明を口実に戦場を離れたがることになる。米海軍でも航空関連は新しい戦力分野であったから、例えば空母艦長は大佐が任命されるのだが、この大佐クラスで航空に詳しい者はいなかったから、必ずフロリダ州ペンサコーラにある海軍飛行学校で操縦員資格をとるまで訓練を受け、航空戦術過程を修了させてから空母艦長に任命し、空母艦長を体験した者を航空艦隊司令官にさせる態勢をとった。真珠湾奇襲後の太平洋戦争中、米海軍トップだったキングは四〇歳を超えた年で操縦員資格を習得するまで訓練を受け、航空戦術過程を修了してから空母艦長になり、航空艦隊司令官になっている。ハルゼーも同様だった。

南雲は夜眠ることが出来ず、深夜度々部下を私室に呼びつけ、些細な悩みを訴えて相談した。淵田総飛行隊長にも「総隊長、司令長官がお呼びです」と起されて、長官室に入ると「後ろの駆逐艦からアメリカ潜水艦の追従を受けている気配があると言って来る。どうしたものだろうか」と心配に堪えぬ様子だ。「それならば、然るべき処置をとらせたらええやないか。参謀長に相談するならともかく、飛行隊長を呼びつけたそんなことを聞くあほな長官があるか。駿馬も老いては駑馬かいな」と怒った。

後のミッドウエー海戦大敗も南雲航空艦隊指揮官の力量不足によるものだった。戦意不足が判明した指揮官は更迭しなければならないのが鉄則。米海軍の初期航空部隊指揮官パウノール少将も、南雲と同様「自分はなぜ航空艦隊指揮官になったのだろう」とぼやく有様で、戦意不足から更迭され、パウノールの後任として航空艦隊を指揮したフレッチャー中将も、合衆国艦隊長官キング大将から戦意不足として更迭されている。その他、戦意不足と判断され更迭された米海軍提督は枚挙に遑《いとま》がないほどである。

ハワイの米海軍情報部門の動き

日本政府使用の外交用電気式暗号機を米陸軍は紫暗号機（Purple Machine）と呼んで、一九四〇年、これと同じ複製品を苦心の末に作った。この複製紫暗号機で解読されたものはマジックと称され大統領、陸海軍長官、陸海軍情報部長等限られた人々に配布されていたので、日米開戦年の一九四一年（昭和一六年）には日本政府外交通信は大部分が米政府の知るところとなっていた。複製紫暗号機はキャスト（フィリッピン・コレヒドール島所在の米海軍暗号解読機関）に一台設置し、英国ロンドン近郊のブレッチェリーパークにある英国暗号解読機関に一台贈与されていたものの、ハワイ真珠湾所在の暗号解読機関ハイポは日本海軍の暗号解読と動向推測に専念していたため、紫暗号機は設置されず、日本政府の意向を知る窓はなく、スターク作戦部長からの連絡だけが手掛かりだった。

ハイポの責任者はロシュフォート中佐で、海軍第一四軍区司令部管理棟の地下室に諜報・暗号解読部門があった。入口には海兵隊員が二四時間立っており、厚さ五インチの鋼鉄板でドアは仕切られている。この地下室に簡易ベッドを持ち込み、寝る間も、シャワーも、髭剃りも惜しんでジャンパー、スリッパ姿で傍聴した日本海軍無線の分析・解読にロシュフォートは神経を集中していたが、日本海軍の暗号解読には至らず、日本海軍無電の通信解析によって日本海軍の動きを推測していた。

通信解析とは、日本海軍の発信する無電通信を時系列に、その量、発信地点、受電者を分析して日本海軍の意図を推測しようとするものだ。発信時間は傍受した時間で判明出来るし、ハワイ各地にある傍受所地点からの傍受信方向を線にすることによって線の交わる地点が発信地点と確認出来、コールサイン（受電者の指定サイン）の解読・推定によって誰から誰への発信かが判明する。開戦後は、日本海軍の潜水艦を浅い海に沈めた時、潜水員を潜らせて暗号書を取ったり、孤島の日本海軍基地を奇襲して暗号書を強奪したりして暗号の解読は進んだが、開戦前には日本海軍の暗号解読は僅かで、専ら通信解析であった。上述のように、日本政府の外交通信暗号は紫暗号機によって解読していたものの、ハワイの太平洋艦隊へは知らされていなかった。

真珠湾所在の情報関係部門責任者は、太平洋艦隊情報参謀のレイトン中佐と暗号解読機関ハイポのロシュフォート中佐の二人。この二人は語学研修性として日本に三年間留学の経験があり日本語に通じていた。レイトンは語学研修生の後、海軍武官補佐官として東京に駐在したこともあり、当時の山本海軍次官と次官室で会ったり、歌舞伎座での歌舞伎や浜離宮の鴨猟に紹介されたこともあった。ロシュフォート中佐からの通信解析を毎朝レイトン参謀は受け取って、太平洋艦隊向けの要約としてキンメル長官に報告・説明するが、不審な点は防諜装置のついた直通電話でロシュフォートと意見交換する。

ハイポから九マイル先にあるホノルル日本領事館には開戦前に、東京からの訓令が続々と入っていた。ハイポは日本海軍無電に特化していて、外交電はホノルル近郊の陸軍フォートシャフター基地所在の暗号班（ＭＳ－５）が担当していた。一九四一年九月二四日、豊田貞次郎外相がホノルル総領事喜多長雄に宛てた「真珠湾停泊艦船を報告せよ」との訓電を得たものの、ＭＳ－５には暗号解読者や日本文からの英文への翻訳者がいないのでパンアメリカン航空の飛行艇を使ってワシントンにそのまま未解読の生情報として送った。ＭＳ－５からハイポに解読依頼はなかった。

ワシントンの陸軍情報部に送られた日本外交電は解読されて海軍情報部に知らされたものの、太平洋艦隊のキンメル長官やハワイ陸軍司令官ショート中将には知らされなかった。キンメルは一九四六年の下院証言で「これを知っていたら自分や幕僚の状況判断は大きく変化しただろう」と言い、ロシュフォートも同様に真珠湾奇襲査問委員会で初めてこれを知った。ハイポが紫暗号機を持っておれば日本外交の機密電を直ちに知ってキンメル長官とショート司令官に報告したに違いない。

外交電は微妙な国際関係情報なので、ワシントンはハワイのハイポにはタッチさせず、専ら日本海軍暗号通信の解読のみに専念させていた。
その後、米国政府は紫暗号機により東京が野村吉三郎大使に日米交渉最終期限を一一月二九日と指示しているのを知っていた。

一一月二九日、スターク作戦部長はキンメル太平洋艦隊長官に「日本との交渉は最終段階に入ったようだ。日本の将来の行動は予想しがたいが、攻撃行動がいつ起っても不思議はない。ハワイ住民に警告することなく防衛的諸行動、偵察行動をとられたし」と伝えた。翌一一月三〇日は日曜日だったが、キンメル長官はレイトン情報参謀を呼んで、あらゆる情報を入れよと指示。一二月二日、レイトンはキンメル長官に以下の事項を伝えた。

①日本海軍のコールサインの突然の変更は大規模作戦の前触れの可能性を示している。
②日本海軍の第三、第四航空戦隊は台湾付近を南下中。

第一、第二航空戦隊の説明がないので、キンメルは尋ねた。レイトンは「最近の情報は分りません。敢えて推測すれば（瀬戸内海の）呉方面にいると考えます」と応えると、キンメルは「君は第一、第二航空戦隊の位置が分らんと言うのか」と苛立った。レイトンは「ノー・サー。日本近海にいると考えますがどこか分りません」と説明。

一二月三日、マニラのアジア艦隊長官ハートと真珠湾の太平洋艦隊長官キンメルは、スターク作戦部長から「東京は、香港、シンガポール、バタビア（ジャカルタ）、マニラ、ワシントン、ロンドンの外交出先に『暗号書を即時焼却せよ』、『紫暗号機を破壊せよ。但し暗号システムの一つを残すように』との電報を打った」と無電で知らされた。

キンメルは直ちにレイトン参謀を呼んで「紫暗号機とは何だ？」と尋ねる。レイトンは知らなかったので、ワシントンからハイポにやって来たばかりのコールマン大尉に尋ねて分った。

ホノルル駐在のＦＢＩは日本領事館の喜多総領事が一二月四日正午頃に暗号書を焼いているのを掴み、ハワイ地区海軍管轄部門主任のメイフィールド大佐に伝えた。

海軍作戦部・戦争計画部長ターナー少将は「暗号書焼却と暗号機破壊は、これら外交出先のある国への戦争を考えているのがはっきりした兆候である。二、三日後に攻撃がある。フィリッピンが目標になるだろう」と考えた。

一二月五日（金曜日。ワシントン時間）、東京から大量の発信があり、東京と日本委任統治領カロリン諸島、マーシャル諸島間にも大量の無電交信があったのをハイポは掴んだ。

キンメルは幕僚を集めて、用心のため艦隊を洋上に出すかどうか協議した。幕僚達の意見は、①空母の護衛なく洋上に出るのは疑問。この時点で空母は演習のため洋上にあって真珠湾にいなかった。②週末に艦隊を洋上に出すのは一種の警戒警報だ。ワシントンもこれを避けたいだろう。③戦争となればマーシャル諸島方面に出撃しなければならぬ。その前に燃料を浪費してしまうのはどうか、というものだった。キンメルは艦隊を洋上に出さぬこととした。

一二月六日（土曜）の朝、キンメルは、これから日本、支那、ソ連に行くというクリスチャン・サイエンス・モニターの記者と会っていた。キンメルは、①太平洋で米国が戦争に巻き込まれることはあるまい、②独ソ戦は厳冬期を迎えようとしており、この冬にソ連は崩壊しないだろう、③故に日本は対ソ、対米の二正面戦争のリスクを取って米国を攻撃することはなかろう、と記者に語っていた。ルーズベルト大統領は英国に味方して欧州での大戦に参入したかったのだが、前年の大統領選挙で戦争不参加を公約していた。戦争参入のためにはまず、日本からの攻撃を受けることが必要だった。

ワシントンでは、宣戦布告と同様ないわゆるハルノートを野村吉三郎大使に渡した時点（一九四一年一一月二六日）で、ハルは日米開戦不可避を確信し、翌朝早くスチムソン陸軍長官に「自分の仕事は終った。後は君とノックス（海軍長官）の出番だ」と伝える。

多くのワシントンの関連高官は、日本がフィリッピンに攻撃して来るだろうと考えていた。複製紫暗号機によって日本の外交通信を知っていたワシントンに較べると、ハワイの太平洋艦隊司令部は日米戦争の切迫感に乏しかった。

真珠湾攻撃時の聯合艦隊司令部

開戦日の旗艦長門の作戦室における山本長官の様子を政務参謀藤井茂は次のように書いている。

作戦室は凄ましいような緊張感が漲っていた。黒島先任参謀がそっと小声で「もうそろそろ始まるころだが」と洩らして壁にかけてある小型の海軍用掛時計を見上げた。その時、司令部付通信士が駆け込んで来て「当直参謀、『ト』連送です、飛行機突撃下命です」と叫びながら通信紙を当直参謀に渡した。当直参謀佐々木彰中佐は「お聞きの通りです。発信時刻は三時一九分」と山本に伝えた。間もなく、「奇襲成功（トラ・トラ・トラ）」の電報をはじめとして続々と入電した。米国側の平文（暗号化されていない電信）電報も手に取るように受信されてくる。「日本攻撃。これは本物だ」との米国側の平文を読み上げると、室内にも初めて笑い声が起る。山本長官も一瞬ニヤリとしたかに見えた。

淵田総飛行隊長はハワイ第一次攻撃後、赤城に帰艦。赤城飛行甲板では第二次反復攻撃の準備が進められていた。燃料・弾薬の補給を終った飛行機は次から次へとエレベーターで揚げられ出発位置に並べられている。第二航空戦隊司令官山口多聞少将は旗艦蒼龍から「蒼龍・飛龍の発進準備完了」との信号を赤城に送ってきた。これは反復攻撃を実施すべしとの催促である。

草鹿参謀長は淵田総飛行隊長に「第二回攻撃を実施するとして攻撃目標は何にするか」と問い、淵田は「敵の戦艦を撃沈したといっても浅い湾内に腰をかけているだけ。すぐサルベージで揚げられる。工廠はじめ修理施設、重油タンクを次の目標にしたい」と応え、次の反復攻撃に備えていた。ところが、この時、赤城のマストに「今来た道を引き返す」との針路信号が揚った。飛行甲板にいた淵田総飛行隊長は「何を阿呆な！」と憤った。兵は勢だ。今戦果の拡大をやらずにどうするのか。

聯合艦隊司令部内では「南雲部隊が、今一回攻撃を再開したらいいんだがな」と三和義勇作戦参謀が航空参謀佐々木彰中佐に話しかけると、佐々木参謀は「さあ、どうですか」と生返事した。すると、今までほとんど沈黙を続けていた山本の眼光が一瞬、稲妻のようにきらめいたようであったが、僅かに聞き取れる独り言のような口調で「南雲は真直ぐに帰るよ」と洩らした。

阿川弘之著『山本五十六』によれば、南雲部隊が帰途に就いたことを知った長門の司令部では幕僚達が侃侃諤諤の議論を始めた。佐々木航空参謀を除いた幕僚達はほとんど全員一致で再攻撃の提案をすることとなった。山本は「いや、待て。むろんやれば満点だが、泥棒だって帰りはこわいんだ。やる者は言われなくたってやるさ。やらない者は遠くから尻を叩いたってやりゃしない。南雲はやらないだろう」と言った。

当時軍令部作戦課長だった富岡定俊によれば、同課員として勤務されていた高松宮中佐は、南雲長官が第二次攻撃を命じなかったことについて「ハワイ奇襲には『残心』がなかったな」と仰った。「残心」とは剣道の言葉で、撃突した後、敵の反撃に備える心の構えを言い、弓道では矢の着点を見極めることを言う。高松宮の洩らされた「残心がなかったな」には「心残り」、「第二攻撃」にも通じる。宮様としては、南雲長官が第二攻撃を行わずに退去したことをあからさまに批判することは避け、「残心」という抽象的な言葉で以て御自分の考えを洩らされたのだろう。

富岡の二代前作戦課長として高松宮を指導したこともある草鹿龍之介によると、殿下は一般士官としてよく勉強され、頭もよく、担当の対米作戦計画など一番早く提出される。そして草鹿課長といくら議論しても、非を覚えられると、からりと自説を捨てて私情を差し挟まない。さすがは宮様と感心した。

同じ富岡は、敗戦後に米海軍のアレー・バーク大将から次のような言葉を聞いている。

「真珠湾攻撃で何故日本軍は石油タンクやドックを攻撃しなかったのか。これをやらなければ意味はない。港内の艦などは放っておけばよいのだ。タンクには石油が充満していた。平時だからあれだけ油を運べたのだ。戦時となったらとても駄目だ。工廠やドックをやられたら艦隊はハワイに常駐出来なかっただろう」。

淵田総飛行隊長は凱旋帰国すると、永野軍令部総長、山本聯合艦隊長官から労いの言葉を貰った。一二月二六日には宮中で天皇に直接、真珠湾の戦況を奏上せよ、と命じられた。佐官級の軍状奏上は前代未聞である。

ハワイ攻撃参加部隊に山本長官は「武勲顕著なり」との感状を与えた。淵田はこの「武勲顕著」に心穏やかでなかった。第一等の感状は「武勲抜群」で、「武勲顕著」は第二等だ。

その後、淵田は当時聯合艦隊参謀で功績を担当していた三和義勇大佐に尋ねたことがあった。三和は、「あの時、『武勲抜群』と起草したのだが、山本長官が一段下げて『武勲顕著』とした。南雲長官がもっと積極的に連続攻撃かけていたら『武勲抜群』でいいのだが、一度で引き揚げたのだから『武勲顕著』にしておけ、と山本長官は言ったのだ」と応えた。

南雲長官は山本長官の意図に沿っていなかったんだ、と淵田は納得した。

藤井参謀は真珠湾奇襲成功の報に接した時点での感想を次のように言う。「海軍生活のうち、一番脂の乗り切った後半を海軍航空の充実と向上に全精力を傾け尽した人。その苦心の結晶が優秀な機種の出現となり、搭乗員練度も一〇〇％という程向上した。今、はからずもその力を実戦場裡に試す好機さえ巡って来た。開戦前、かねてから万一の場合は米内大将を聯合艦隊長官に仰ぎ、自身はこの航空機中心の機動部隊を直接指揮し、自ら発案したハワイ攻撃を身を以て実施したいというのがこの人のひたむきな念願であった、と聞いている。その念願の奥底には、自ら手をかけ築き上げた新戦力を新しい戦法によって駆使し、一、二年が程は太平洋を思う存分暴れ廻ってみたい、その上で兵器でも戦法でも、今までに勝る新機軸を生み出すよう、生命をすり減すまで精魂を打ち込んでみたい、との燃えるような情熱がひそんでいたに違いない。この情熱こそは、この人の武人としての初一念であった。その念願はそのまま実現しなかったけれども、今日のハワイ攻撃（結果）を前にして胸中を去来した無量の感慨こそは恐らくこの辺ではなかろうか」。

やがて、朝日がさし始め、作戦室の山本と幕僚一同は朝食のテーブルについた。食事が終って一同が席を離れる時、山本は「藤井参謀、ちょっと」と手招いた。長官公室に入ると、山本は腰をかけながら、「君はよく分っていると思うが、最後通牒を手渡す時機と攻撃実施時刻との差を中央では三〇分につめたとのことだが、外務省の方の手筈は大丈夫だろうね。いままでの電報では攻撃部隊は間違いなくやっていると思う。しかし、どこの手違いであろうとも、この攻撃が騙し討ちになったとあっては日本国軍の名誉にかんする大問題だ。陛下に対し奉っても国民に対しても申し訳ない。法にかなない筋さえ通っておれば立派な奇襲である。四周の情勢を察せず油断しているのはその者の落度であろう。急ぐことはないが気に留めておいてくれ給え」と静かな話しぶりであった。

真珠湾攻撃が「卑怯な奇襲攻撃だ（sneak attack）」とルーズベルト大統領は世界に向け喧伝

し、米国世論も一気に硬化した。しかし、上述のように山本長官は、宣戦布告前の奇襲の考えは全くなかった。日本政府の計画では開戦の三〇分前に米国国務省に国交断絶の通告を渡すことになっていた。それが遅れたのはワシントンの日本大使館の怠慢であった。開戦前日の午前中、外務省は野村吉三郎大使（海軍大将）に向けて「これから重大な外交文書を送るから万端用意しておくように」との予告電報を送っていた。当時、開戦前夜の雰囲気にあったにも拘らず、日本大使館は同僚の送別会を行うため、夜になったら一人の当直も置かず大使館から出てしまっていた。

一二月七日（ワシントン時間）朝九時に出勤した海軍武官が大使館の郵便受けに電報の束が突っ込まれているのを見て、担当者に連絡した。あわてて暗号電報を解読してみると断交の通告であった。この文書を現地時間午後一時にアメリカに手渡せと指示している。大使館員は緊張のため、何度もタイプを打ち間違える。国務省に約束の午後一時を一時四五分まで間延してもらった。結局、野村大使がハル国務長官に会ったのは午後二時二〇分。断交通知を届けたのは真珠湾攻撃から五五分も遅れてからであった。淵田総飛行隊長によれば、攻撃開始は予定より五分早かった。ルーズベルト大統領は日本側の失態を最大限に利用した。「奇襲攻撃後に断交通知を持って来た。これほど卑劣で悪辣な国はない」と世界にむけて喧伝。日本大使館員の切腹ものの大失態だった。

真珠湾奇襲前後の外務省内部の様子は、対米交渉の事務担当だった北米課長と外相秘書官を兼務していた加瀬俊一の『加瀬俊一回想録（上）』に詳しい。

交渉打ち切りの対米覚書の閣議決定は一二月五日。翌日の夜から覚書を一四部に分割して一時間おきに駐米大使館宛発信した。一時に長文電報を送ると米側に日本の企図を察知されると警戒したからである。機密保持のためにタイピストは絶対に使用せぬよう指示し、覚書を先方に手交するのはワシントン時間一二月七日午後一時とした。長文の覚書の最後は「合衆国政府ト相携ヘテ太平洋ノ平和ヲ維持確立セントスル帝国政府ノ希望ハ遂ニ失ハレタリ。（略）今後交渉ヲ継続スルモ妥協ニ達スルコトヲ得ズト認メルノ他ナキ旨ヲ合衆国政府ニ通告スルヲ遺憾トスルモノナリ」と結ばれていた。

日本時間一二月八日午前三時を期して交渉打ち切りの覚書が米政府に手交される。野村大使は覚書を持参して国務省に赴き、ハル長官との会見を求めた。ハルはこの時間には既に真珠湾が奇襲されたことや、日本外交電の暗号を解読して日本政府の意向を知っている。会見が始まったのは一二月七日午後二時二〇分。ハルは壁間の大時計を見て時間を宣言し、「五〇年間の公的生涯を通じてこのような虚偽に満ちた文書は見たことがない」と吐き捨てるように言って、無言のまま野村大使にドアを指さした。

この時間帯、東郷茂徳外相と北米課長兼外相秘書官の加瀬俊一は外相官邸二階の小応接室で待機していた。午前三時半頃、卓上電話が鳴った。加瀬が受話器をとると岡敬純海軍軍務局長からだった。外相に代ると「何？　真珠湾！ほう―　主力艦隊をね―。いや、それはよかった。おめでとう。うむそうか！　では後で」と聞こえた。東郷外相は受話器を静かに置くと「君、真珠湾を攻撃して、あらかた主力艦を撃沈したそうだ」と言った。あきらかに驚いていた。

日本国内では、昭和一六年一二月八日、この日の朝六時「帝国陸海軍は本八日未明、西太平洋において米英軍と戦闘状態に入れり」との臨時ニュースがあった。グルー米国大使（太平洋戦争後期に国務副長官）が東郷茂徳外相に呼ばれて外相公邸に来たのは午前七時過ぎだった。いつも血色のよいグルーも緊張のため顔面蒼白で、急いできたためヒゲも剃らず、黒上衣に縞ズボンの半公式服装である。東郷外相は対米覚書写しをグルーに手交して「これは本日ワシントンにおいて貴政府に提出されたメモランダムの写しで、念のため差し上げる」と述べ「米国政府の非協力的な態度によって交渉打ち切りの余儀なきに至ったことを深く遺憾とする」と伝えた。グルーはまだ開戦を知らない。グルー大使が辞去すると数分後に英国大使サー・ロバート・クレーギーが外相公邸に呼ばれて急遽やって来た。午前一一時には「帝国海軍は本八日未明ハワイ方面の米国艦隊並びに航空兵力に対し、決死的大空襲を決行せり」とのニュースが放送され、四五分後の一一時四五分には「宣戦の大詔」が発せられた。

この臨時ニュースを聞き、支那事変が長引くなか、米国による対日経済封鎖への反発と日米間緊張に、もやもやしていた日本人の鬱憤は一気に爆発した。正月が一か月前にやって来たと快哉を叫んだ人もいた。

その感情の代表的な一例として高村光太郎の詩「十二月八日」と三好達治の詩「米太平洋艦隊は全滅せり」、併せて伊藤整のこの日の日記を挙げておく。

《視点⑤》日本人の鬱憤の爆発

◇高村光太郎詩

十二月八日

記憶せよ十二月八日
この日、世界の歴史あらたまる
アングロサクソンの主権
この日、東亜の陸と海に否定さる
否定する者は彼等のジャパン
眇たる東海の国にして
また、神の国たる日本なり
そこを治《しら》しめたまふ明津御神なり
世界の富を籠断するもの
強豪米英一族の力
われらの国に於て否定さる
我等の否定は義による
東亜を東亜にかへせといふのみ
彼等の搾取に隣邦ことごとく痩せたり
われらまさにその爪牙を摧かんとす

◇三好達治詩

米太平洋艦隊は全滅せり
ああ、その恫喝、
ああ、その示威、
ああ、その経済封鎖、
ああ、そのＡＢＣＤ線、
笑ふべし。
アメリカ太平洋艦隊は全滅せり。
ああ、その凡庸提督キンメル麾下の
艨艟は、真珠湾深く、
舳艪相含みて沈没せり。
ああ、その百の巨砲は、
ついに彼らの黄金の
沈黙をまもりつつ、
海底に沈み、横たはるなり。
（注：ＡＢＣＤ線とは　米、英、支、蘭による
日本包囲網）

われら自ら力を養ひてひとたび起つ
大敵非をさとるまで、われらは戦ふ
世界の歴史を両断する
十二月八日を記憶せよ

◇伊藤整日記（昭和一六年一二月八日）
我々は白人の第一級者と戦う以外、世界一流人の自覚に立てない宿命を持っている。
初めて日本と日本人の一つ一つの意味が現実感と限りない、いとしさで自分に分って来た。

《視点⑥》太平洋戦争開戦時の聯合艦隊司令部主要陣容

職位	氏名	在籍期間	海兵期
司令長官	山本五十六	一四・八・三〇～一八・四・一八	三二期
参謀長	宇垣　纏	一六・八・一～一八・五・二二	四〇期
先任参謀	黒島亀人	一四・一〇・二〇～一八・六・一一	四四期
作戦参謀	三輪義勇	一六・一一・一三～一七・一二・一	四八期
渉外参謀	藤井　茂	一六・一二・一～一八・八・一〇	四九期
航空甲参謀	佐々木彰	一五・一一・一～一七・一一・二〇	五一期

戦務参謀　渡辺安次　一四・一二・一～一八・六・七　五一期

第5章 ✺ 黒澤明、ハリウッド映画に挑戦

二〇世紀フォックス起死回生の企画「トラ・トラ・トラ！」

一九六六年の夏、二〇世紀フォックスのダリル・Ｆ・ザナック社長は、次回の目玉企画を考えていた。何か、いい脚本になりそうなものはないか。そんな折、ダリルは一冊の本が目に入った。『破られた封印』という、日米開戦の直前までの暗号解読や機密情報を巡るノンフィクションで、著者は米海軍情報部に勤務経歴のあるラディラス・ファラゴ。ルーズベルト大統領は、真珠湾に日本軍が攻撃をしかけてくることを事前に知っていたという内容で、これは米側から見た真珠湾である。

もう一つはメリーランド大学教授のゴードン・Ｗ・プランゲによる『トラ・トラ・トラ』だった。プランゲは、日本占領軍最高司令部（ＧＨＱ）で戦史編集部長を務め、真珠湾奇襲作戦の詳細を立案した源田實航空参謀には七〇回以上、真珠湾攻撃総飛行隊長だった淵田美津雄中佐と六〇回以上会って、真珠湾作戦に関する戦史秘話をまとめていた。いわば、日本側から見た真珠湾だ。

ダリルは、この二冊の本に「これはいける」とピンと来た。

この頃、二〇世紀フォックスは大作「クレオパトラ」制作で、主演のエリザベス・テイラーの我儘《わがまま》、相手役男優や監督の変更、と混乱が続き、無駄な出費が重なって、会社の土台が危うくなっていた。四年前に空前のヒット作となった「史上最大の作戦」（一九六二年）に匹敵するネタだ、とダリルは思った。

「史上最大の作戦」の成功によって、財政苦境に陥っていた二〇世紀フォックスの財政が立ち直ったことは、生々しくダリルの頭に残っている。「史上最大の作戦」は連合軍のノルマンディー上陸作戦の長い一日を描いた作品だが、「トラ・トラ・トラ！」では、真珠湾の歴史的一日が描ける。英米独側からの三つの視点による「史上最大の作戦」と同じようなものをダリルが狙ったのが「トラ・トラ・トラ！」だった。

もちろん、日本側の主役は、この作戦を立案、決断して実行させた山本五十六聯合艦隊長官。すぐに、ロサンゼルスにいる息子のリチャード・ザナック制作本部長兼副社長に映画化の検討を進め、準備脚本を作れ、と連絡した。

そうして、ロンドンにいる盟友のエルモ・ウイリアムズ英国支社長兼ヨーロッパ制作本部長に連絡して、企画案をまとめるよう求めた。一九六二年公開の「史上最大の作戦」では、企画立案から完成まで担当し、この映画を大成功させた最大の功労者がエルモで、ダリル社長の信頼が厚かった。

《視点⑦》「トラ・トラ・トラ!」の題名の由来

映画「トラ・トラ・トラ!」の題名の由来を説明しておく。真珠湾攻撃総飛行隊長だった淵田美津雄中佐の自伝を見ると、明治三五年一二月三日生れの淵田は義母から「寅年の一年児」で、この干支の生れは強い運勢が身についている、と教えられた。虎は千里を行って千里の道を帰る、とも言われる。南雲忠一中将率いる機動部隊が真珠湾奇襲を目指し択捉島の単冠湾に集結した時、もう機密が漏れることはないので飛行操縦員全員に「敵は真珠湾にあり」と明らかにした上で、このハワイ作戦に用いる航空機用略語暗号書が飛行隊に配られた。淵田中佐も一冊、受け取り、「我奇襲に成功せり」という電報を打てたらいいなあと思って、その電信文に対する略語暗号を見ると、「トラ連送」とあった。淵田中佐はにっこりした。虎とは縁起が最高だからである。飛行隊員を集めて、「真珠湾奇襲は成功疑いなしだ。理由はトラ・トラ・トラだからだ」と叫んだ。

淵田総飛行隊長が真珠湾上空から打った「トラ・トラ・トラ」電信は、三〇〇〇マイル離れた広島沖の柱島に停泊していた聯合艦隊旗艦長門で直接受信された。淵田は千里を往く虎が千里を帰ったのだと、思った。「我奇襲に成功せり」の電信略文暗号が「トラ・トラ・トラ」だったのである(『真珠湾攻撃総隊長の回想―淵田美津雄自叙伝』)。

ダリル・ザナック社長は一九〇二年、ネブラスカ州で生れた立志伝中の人。第一次大戦では一五歳で陸軍を志願し、陸軍上等兵で欧州から帰国。いろんな職業を転々とした。やがて脚本家となり、「二〇世紀映画社」を創設、一九三五年に「フォックス映画社」と合併した。

「荒野の決闘」(一九四六年)、「我が谷は緑なりき」(一九四一年)、「怒りの葡萄」(一九四〇年)といったジョン・フォードの名作を、また「史上最大の作戦」(一九六二年)をプロデューサーとして制作した。

その他、ダリルが制作した名画には、「紳士協定」(一九四七年)、「頭上の敵機」(一九四九年)、「キリマンジェロの雪」(一九五二年)などがあり、DVDになっている。「頭上の敵機」は「空飛ぶ要塞」と呼ばれたB－17の欧州戦線での活躍を描いたもので、グレゴリー・ペック演ずる航空部隊司令のモデルは、後にB－29爆撃機部隊を率いて日本の主要都市を焼き払ったカーチス・ルメイ陸軍航空隊少将(後、ベトナム戦争時の空軍参謀総長)だろう、と思われる。

「紳士協定」は、ユダヤ系の人種問題を描いたもの。

ダリルは、その出発点が脚本家だったこともあって、編集にも一家言を持っていた。監督の撮影してきた映像を最終的に編集するのはダリル自身だった。そのため、監督と編集のことで、必ずもめた。名作「怒りの葡萄」(ヘンリー・フォンダ主演)のラスト・シーンで主人公の母親が言う、明るく前進的な台詞は、ダリルの意見によってつけ加えられ、有名なシーンとなった。黒澤が西部劇のお手本だと激賞した「荒野の決闘」(ヘンリー・フォンダ主演)では、ジョン・フォードが撮ったフィルムを大胆に切って三〇分程短くして、ラスト・シーンも別の監督に追加撮影させたものと換えた。こんなことがあったから、ダリルとジョン・フォードとは犬猿の仲となった。

プロデューサーの仕事とは、監督の暴走を防ぐことだと、ダリル・ザナック社長は考える。黒澤が育った東宝では、プロデューサーは予算や制作期間や宣伝にはタッチするが、脚本や編集にはあまりタッチしない。黒澤は脚本、演出、編集を一人でやり、予算超過や撮影期間延長を気にしない。会社側としては、なまじ、名声があるだけに、困った監督だった。

ダリル社長は、脚本家として出発したこともあり、脚本にはうるさく、編集に関しても、大変な自信家であった。エルモ・プロデューサーも脚本や編集には自信と一家言がある。フレッド・ジンネマン監督、ゲーリー・クーパー主演の「真昼の決闘」（一九五二年）でエルモはアカデミー編集賞を受賞している。

黒澤の最も尊敬する映画監督がジョン・フォード。「フォードの映画じゃ『我が谷は緑なりき』（一九四一年）とか『怒りの葡萄』（一九四〇年）が好きだけど、やっぱり彼の西部劇というのは他の誰もが作れないもんだという気がするね」と黒澤は言う。その巨匠フォードの撮影したフィルムの編集を自らやったのがダリル社長だ。

「トラ・トラ・トラ！」の脚本と撮影に関して、黒澤が「兎に角、俺にまかしてくれ」と言っても、資金の出所はダリル社長とエルモ・プロデューサー。ダリルとエルモは脚本や編集で実績がある上、欧米でどんな映画が受けるかを骨の髄まで沁み込んで知っている。米国では、映画界だけでなく、実業界でも軍でも、トップが一番汗をかいて仕事をして、激務に立ち向かい決断する。日本では、中間管理者や軍でいえば参謀が実質的に会社や軍を動かすことが多く、トップは下がやる仕事に安住している場合がないではない。東宝は、黒澤に才能があり名声があるだけに、黒澤の芸術家としての我儘を許してきた。自分の思うままに制作して来たからこそ、世界に誇る名画が生れた、という思いが黒澤にはある。妥協すれば、凡庸な駄作が出来るだけだ。

しかし、結果として黒澤のこの思いは米国資本には通用しなかった。

ソ連政府の懇請による、後の黒澤作品「デルス・ウザーラ」（一九七五年）が成功したのは、ソ連政府が脚本にせよ、演出にせよ、黒澤に好きなようにやらせたからであった。「トラ・トラ・トラ！」での挫折、失敗を骨身に沁みた黒澤は、プロデューサーの松江陽一を通して「デルス・ウザーラ」の契約時に、編集権は黒澤にあり、黒澤自らが編集するという一条を入れることに固執して「監督黒澤明の意向を一〇〇％尊重する」の文言を入れている。

ダリルは、生涯に一〇〇本以上の映画を手掛けた。一九〇二年生れだから、黒澤より八歳年上。

「史上最大の作戦」は、英独米から三人の監督が当たり、俳優は英独米仏四か国からトップスターを集めた。制作補佐兼戦闘場面監督をエルモ・ウイリアムズが務めた。台詞は英独仏の三か国語を使用し、この映画の大成功で二〇世紀フォックスは財政危機を乗り越えることが出来た。ダリル社長から信頼を受けたエルモは英国支社長兼ヨーロッパ制作本部長に抜擢される。一九一三年オクラハマ州で生れたエルモは、若い頃ロンドンに渡り、苦労して映画編集の仕事を身につけ、英国で映画制作に携わってきた。苦労人であるだけに、人当たりのよい、温厚な人物で、手堅い仕事人であった。

天才肌の黒澤に、辛抱強く接したことは後述する。「史上最大の作戦」の太平洋版ともいえる真珠湾攻撃をテーマにした大作「トラ・トラ・トラ！」をダリル社長がエルモに託したのは自然の成り行きともいえた。

エルモの猛勉強が始まった。真珠湾攻撃に関して米国第一人者のメリーランド大学教授ゴートン・W・プランゲの協力を得ることとした。プランゲ著作の日本語版は日本リーダースダイジェスト社から『トラ・トラ・トラ』の題名で、一九六六年一〇月に直販方式で売りだされ、十五万部売れたといわれる。なお、プランゲの決定版の日本語訳は、一九八六年から八七年にかけて『真珠湾は眠っているか』の題名で講談社から三分冊本で出版された。

黒澤に監督の要請がくる

黒澤は「赤ひげ」（一九六五年）のあと、ハリウッドで撮るはずだった「暴走機関車」が突然延期になって、一時、鳴りを潜めていた。「暴走機関車」のストーリーは、機関車が突然、操縦知識のない男を乗せて暴走する物語だ。黒澤の甥の島敏光によれば、スリルとサスペンスに満ちていたが、それでいて全体的にとぼけたユーモアが漂っていた。キャスティングで黒澤は、ジョン・フォード監督映画の常連ヘンリー・フォンダ、後に「刑事コロンボ」でコロンボ役をやったピーター・フォークの名前を言っていた。

黒澤の助監督を務めたこともある松江陽一は「暴走機関車」には準備段階で参加した。真黒な鉄の塊の機関車が真っ白な雪の中を行く。突然機関車が紫色になって音の消えた世界を走って行く、というようなイメージだった。こんな色彩設計を考えていたので、松江はテクニカラー社の工場に調査に行ったほどだった。松江は「これをどうしても黒澤に撮って欲しかった。もう一つの黒澤映画になっていた」と言う。

「赤ひげ」の後、東宝を離れた黒澤は米国進出を企てて、米国を舞台にした企画を模索するうちに米グラフ誌『ライフ』(一九六三年三月二九日号)に掲載された機関車暴走の実話記事を翻訳した「恐怖の暴走機関車」という『文藝春秋』(一九六四年二月号)記事に想を得て「暴走機関車」を小国英雄、菊島隆三と共に書き上げる。この話は、一九六三年に米国で実際にあったニューヨーク州シラキュースからロチェスターまでを巨大な四台連結のジーゼル機関車が暴走し、操縦出来ない三人の男を乗せて合計五〇〇〇トンの鉄の塊が時速一四六キロの猛スピードで突っ走る。これをどう止めるか。日本では撮影不可能なスケールの大きいドラマであった。

一九六六年六月三〇日、アブコ・エンバシー・ピクチャーズのジョセフ・E・レヴィンは「クロサワが米国に進出した最初の相手に私を選んでくれたのは光栄の至りだ」と述べ、「暴走機関車」を黒澤監督と合作して映画化すると発表。

作品制作が頓挫した原因は、①台詞の部分を英訳するためのハリウッド側ライターが構成全体に手を付けようとしたこと、②予算会議で青柳プロデューサーの発言が日米各々の側に対して食い違っていたことだ、とも言われている(『異説　黒澤明』)。また、黒澤はカラー七〇ミリを主張したのに対し米側はモノクロ・スタンダード説だったのも原因だった(『黒澤チルドレン』）。

要するに、黒澤プロダクションの青柳哲郎プロデューサーが米国側の条件を正しく黒澤に伝えていなかったことが原因だった。この青柳なる人物が、再び黒澤映画をハリウッドで「トラ・トラ・トラ！」として作ろうとして、同じ失敗を繰り返す。その意味で「暴走機関車」の企画から中止までを知っておく必要があるし、その後、この「暴走機関車」はハリウッドの別の監督で映画化されるが、黒澤映画とは似ても似つかぬ平凡な作品になってしまった。また、「トラ・トラ・トラ！」も黒澤解任後に別の監督によって完成されるが、黒澤映画らしからぬ平凡な、娯楽スペクタクル映画になった。本書で「暴走機関車」に紙面を費やすのは、「トラ・トラ・トラ！」失敗の理解を深めるためである。

米国側との協議がうまく行かなかった一番の問題は脚本だった。黒澤によれば、米国側はどうしてもメッセージのような台詞を欲しがる。テーマを生の形で言うような子供っぽいことを黒澤は好まない。映画を観て、じわっと解るのが本当の映画。「暴走機関車」は徹底したアクション作品だ。機関車の暴走というアクションに徹した作品構想で描写を一貫させて、作品を観終わったら自然にテーマは画面から滲み出てきていた、と感ずるような作品にしたい。映画というものは作品の中でメッセージを説明口調で言うべきでない。メッセージを旗みたいに掲げて演説する映画は撮りたくない。説明の多い脚本は困る。映画は絶えず流れているのだから説明するには不適当な手段なのだ。映画で説明しなければ解らないものは説明しても解らない。黒澤によれば、「僕のシナリオでは、最初から機関車が走り出すんだよ。ファーストシーンは列車の下に隠れる脱獄囚の大きな眼がギラギラと動く。この二人がたまたま乗り込んだ列車が暴走してしまうんだ」。黒澤が考えていたのは初めから終りまでノンストップで走るまさしく「機関車主役」の映画。

「暴走機関車」はその後、ハリウッド側のシナリオライター三人によって脚本が作られ、二〇年後の一九八五年、アンドレイ・コンチャロフスキー監督で制作された。黒澤明脚本に基づくと表示されているが黒澤映画世界とは関係のないような作品だった。コンチャロフスキーはソ連国立映画学校監督科を卒業後、ツルゲーネフやチェーホフのロシア文学の映画化に手腕を発揮し、一九八〇年に米国に移住した人である。黒澤の甥島敏光には、黒澤から聞いていたイメージからは、いささかかけ離れた、勇ましいばかりの映画だと思えた。

コンチャロフスキー監督映画の発端はまず、アラスカの刑務所で囚人の暴動があり、そこから二人の囚人が脱獄する。雪の中を逃亡して駅にたどり着き、出発しようとしている列車に潜り込む。列車が発車した途端、機関士が心臓発作で列車から転がり落ちて死んだので列車は止まらなくなる。後半は凶悪犯に脱獄された刑務所所長が体面を傷つけられ復讐の鬼となってヘリコプターでこの列車を追う。女性乗務員も登場させて、凶悪犯と刑務所所長の意地の張り合いの悲愴な大メロドラマに仕立て上げられた。

黒澤によれば、この作品は理屈っぽい。刑務所のシーンが丁寧に描かれ、主人公と対峙する刑務所所長の役が加えられている。そこでは、人間葛藤ドラマを目指しており機関車はあくまで舞台を提供するだけの脇役に押しやられている。黒澤シナリオでは余計な人間関係の説明などせず、ひたすら暴走する列車を止めようとする管制本部の対比に絞り込むことによってサスペンスを展開していくものだった。

「ああいう話じゃないんだよ。僕の書いた台本を下敷きにしてあるけれど、作品の性質はまるで違うよ。第一、女なんか乗っていないし、刑務所なんか出てこない。アンドレイ・コンチャロフスキーが忠実にやっているのは僕が書いた時と同じ機種の同じ編成の機関車を使っていること。でもそれだけで殆ど中身は違うね。暴走する機関車を舞台に、それに乗っている脱獄囚を含めた人間と、それを取り巻くコントロール・センターの人間達の過去が徐々に描き出されていくのが僕の台本。そういう過去の部分をコンチャロフスキーは先に全部説明してしまうんだ」と黒澤は批評する。

その後、「黒澤明プロダクション」の青柳哲郎が仲介してハリウッドと共同して「虎・虎・虎」（最初考えられていた題名）の制作が実行されることになった。黒澤は、山本五十六に並々ならぬ興味を持ち、いろんな本を丹念に読んでおり、詳しく知っていた。

黒澤の頭には、師匠の山本嘉次郎が昭和一七年に制作した「ハワイ・マレー沖海戦」（昭和一七年一二月、全国の全映画館で一斉公開）があった。海軍省後援で、大本営海軍報道部との共同企画により東宝が文字通り社運を賭けた作品である。真珠湾はすべて八〇〇分の一の模型で作り、特撮シーン（円谷英二担当）の見事さは後世の語り草になった。田舎の少年が飛行機乗りを夢見て、予科練習生に応募し、霞ヶ浦で激しい訓練の後、雷撃機操縦員に成長。真珠湾作戦やマレー沖海戦に出撃する物語だ。霞ヶ浦の分隊長（大尉）に藤田進が扮し、二〇歳前の原節子も姉として登場する。それから気付いたのだが、予科練の同級生の一人に、当時無名の木村功（「野良犬」で犯人役をやり、「七人の侍」で勝四郎を演じた）が出てくる。

制作日数六か月、制作費七七万円。キャメラは三村明。三村は山中貞雄の名作「人情紙風船」を撮影し、後、黒澤の「姿三四郎」（昭和一八年）を担当した。

黒澤は、監督第一作の「姿三四郎」を演出する直前、撮影所で「ハワイ・マレー沖海戦」が撮影されているのを見ていた。師匠山本嘉次郎のこの作品と同じ題材の映画を、敵だった米国の映画人とやる、これに黒澤も期する所があったのは間違いあるまい。

二〇世紀フォックスは、「トラ・トラ・トラ！」の制作に関して、日本側の脚本家と監督の選定が必要となった。エルモはその両方を一人でこなせる人物として、黒澤を考え、ダリル社長に推薦した。ダリル社長も、息子の制作本部長リチャードも黒澤をよく知らなかったので、エルモはフォックスの試写室で「七人の侍」と「羅生門」を見せた。興味深く見ていた親子は、黒澤の起用を認める。

黒澤の娘和子によれば、「トラ・トラ・トラ！」の企画が動き始めると、ハリウッド資本だったので、（この映画に専念させるための）拘束料が莫大だった（五万ドル）。黒澤家は久しぶりに活気に満ちてきた。その年のクリスマスは、例年より大きなクリスマスツリーが飾られた。黒澤はすごくご機嫌で、これから始まろうとする大作「トラ・トラ・トラ！」の関係者と大いに語り、大いに飲んでいた。和子は、映画に憑かれた黒澤明がまた走り出した、と思った。

「トラ・トラ・トラ！」はこうして企画され、そして挫折した

この映画の制作過程と挫折の流れの概略を前もって記すので、頭に入れておいて欲しい。

（一）一九六七年四月二八日、東京・芝公園内にある東京プリンス・ホテル二階の大宴会場で「虎・虎・虎」の制作発表会があった。最初の黒澤脚本では「虎・虎・虎」であった。五七歳になったばかりの黒澤の横には、二〇世紀フォックスのプロデューサー・エルモ・ウイリアムズもいた。「トラ・トラ・トラ！」は日米双方から真珠湾攻撃を描くもので、日本側の脚本と撮影を黒澤が担当し、制作は二〇世紀フォックスの責任で行うことになっていた。

（二）一年八か月後、二七回に及ぶ書き直しの末、脚本が完成。その間、黒澤は二〇〇枚あまりの絵コンテを描いた。

（三）一九六八年一二月、撮影開始。しかし、京都太秦の東映スタジオで開始された黒澤の撮影がトラブル続きで、一向に進まない。

（四）一九六八年一二月二四日（クリスマス・イブ）、三条河原町御池にある京都ホテルの部屋で、エルモ・ウイリアムズは黒澤に監督解任の口頭通告。

（五）黒澤の後任は、舛田利雄、深作欣二の両監督となり、完成を目指す。

（六）一九七〇年九月、世界各地で「トラ・トラ・トラ！」公開。

一九六六年一一月下旬、東京港区東京プリンス・ホテル四階の黒澤プロダクション事務所に

ロサンゼルス消印のある黒澤明宛航空便が届いた。青柳哲郎プロデューサーが封を切ると、一九六六年一一月一五日付の書信で、おおよそ次のような内容だった。

①未だ拝眉の栄に浴していないが、自分は「史上最大の作戦」の制作補佐をやった者だ。

②二〇世紀フォックスでは、「史上最大の作戦」の続編とも言うべき、真珠湾奇襲攻撃の劇的な物語を映画化したいと考えている。

③脚本家ラリー・フォレスターが、調査専門のスタッフにより収集された資料に基づいて、現在シナリオを執筆中である。また、フォレスターの脚本の内容を絵コンテにまとめる作業も数人の専門画家によって行われている。

④この企画にご興味があれば、東京でお会いしたい。期日は貴方のご都合に合わせる。

プロデューサーのエルモ・ウイリアムズは、一九六六年一二月八日に、黒澤と初めて会う前に、次のような前提条件としてのシナリオ・ガイドラインを黒澤プロダクションに提示していた。

①長さの上限は三時間。

②劇場では、途中、一五分〜二〇分の休憩時間を組む。

③内容の三分の二は、真珠湾攻撃直前までのドラマを描く。持ち時間の上限は、日本側、米国側とも一時間。残りの三分の一は真珠湾攻撃を迫力あるスペクタクルとして描く。

④政治・外交・軍事に事実関係を史実に忠実に描写すると共に、ヒューマンタッチ、ユーモ

アなどの要素をバランスよく織り込み、観客の共感を得る物語を目指す。
⑤以上のような条件の下で日米双方が、それぞれの場面を中心として書いた脚本を持ち寄り、一本の脚本にまとめる。
⑥脚本の統合・調整の責任者はプロデューサーのエルモ・ウイリアムズとし、最終決定者は二〇世紀フォックスのザナック社長、リチャード・ザナック副社長兼制作本部長とする。
⑦完成脚本は米国国防総省、国務省、日本防衛庁（現在の防衛省）、外務省に提出して、内容の正確さを保証してもらうと同時に、制作に関する協力を取り付ける。

一九六六年一二月八日（真珠湾攻撃記念日）、指定された午後三時に、エルモは秘書一人を連れて、東京プリンス・ホテルに黒澤を訪れ、次のような説明をした。
①日米双方の視点から真珠湾攻撃を再検討する映画を作りたい。
②それは、何故起ったのか。どのように計画され、どのように実行されたのか。何故、防げなかったのか。現在までに明らかになっている全ての事実を集め、あくまで史実に則して正確を期する。
③日米どちらにも偏らない見方を貫く。
④日本側の全面的協力が不可欠なので、黒澤に是非、参加して欲しい。
黒澤側は、青柳哲郎が通訳した。昭和九年年生れの青柳は黒澤より二周り若く、その名刺には黒澤プロダクションのマネージング・ディレクター（専務取締役）となっていた。青柳の父、

青柳信雄は東宝のベテラン監督で、黒澤とは家族ぐるみの付き合いの仲だった。慶応の英文科を卒業して、東宝の助監督候補として入社。その後、外国部に移り、ニューヨーク駐在員から、一九六五年に黒澤プロダクションに入社。

黒澤プロダクションとは、「隠し砦の三悪人」の撮影が延びに延び、制作本部長の藤本真澄が進退伺を出すような事態を招いたことに反省した東宝が黒澤にも営業責任を負わせるために設立したものである。一九五九年四月に資本金一〇〇万円（東宝と黒澤明が折半出資）で発足。その後、一九六六年七月、黒澤プロダクションと東宝との専属契約は解消して、完全独立した。

日米での共同脚本作業開始

「トラ・トラ・トラ！」の日本側で撮影する部分の脚本は黒澤明、小国英雄、菊島隆三の共同執筆。黒澤映画は共同執筆がほとんどだが、黒澤自身は「やはり、自分には癖があって少し偏り過ぎるし、自分が全部書いたホン（脚本）で自分が演出すると、独りよがりの所がどうしても出て来る」と言って共同執筆にこだわった。米国側の部分はラリー・フォレスターとマイケル・リンドマン。フォレスターは主にテレビ番組の脚本を書いた脚本家で、リンドマンは日本にはいない（脚本のチェック、見直し、修正等をする）リライトマンである。

時代考証に万全を期す完全主義者の黒澤は、次の五人に助言顧問を頼んだ。

源田實中佐（真珠湾奇襲作戦の原案を作成）、薗川亀郎中佐（源田と海兵同期。マレー沖海戦の飛行隊長）、渡辺安次中佐（山本五十六の戦務参謀）、福井静夫技術少佐（軍艦に詳しい）、平沢和重（日米開戦時、ニューヨーク総領事）。

当時参議院議員だった源田實の意向により、防衛庁防衛研修所戦史室（現防衛研究所戦史研究センター）が全面的に協力し、惜しみなく資料を提出してくれた。ここを源田と黒澤が訪れた時、部屋に入ったとたん、気付いた数人の職員が立ちあがって、海軍式の挙手の礼をした。その挙手の動きが波のように伝わって室内の全員が起立した。源田は平然と答礼した。

黒澤は、撮影に当たって、山本五十六役をはじめ出演者に対して、撮影スタッフが挙手の礼をするよう命じたが、これはその時の体験によるものかも知れない。

脚本執筆に必要と思われる資料は、全て黒澤が自分でリストアップし手配させた。公刊された書籍以外は防衛研修所戦史室を利用させてもらうこととした。

弱い苗からは絶対に豊かな稲は期待出来ない、弱いシナリオから絶対に優れた映画は出来上らない、シナリオの弱点はシナリオのうちに退治しなければ映画として救うべからざる禍根を残す、シナリオの弱点を演出でカバー出来ると考える人もいるようだがそれは錯覚だ、映画の運命はシナリオにおいてほとんど決定される、というのが黒澤の信念で、脚本制作にあたっては、自ら伊豆や箱根の旅館に缶詰になって、全身全霊を傾けて書いた。

エルモは黒澤に会う半年近く前から二〇世紀フォックス委嘱の脚本家ラリー・フォレスターに脚本の依頼をしていた。このフォレスター脚本と黒澤脚本をまとめて、一本の完成原稿にしようと考えていたのだ。

フォレスターは一九二四年、英国グラスゴーで生れた。第二次大戦中は、英空軍に入って、フロリダ州ペンサコーラの米海軍飛行学校で訓練を受け、ビルマとマニラ戦線で日本軍と実際に戦った経験があった。戦後はロンドンで新聞記者となり、後に小説家となった。脚本も手がけた。

一九六七年一月一五日から、黒澤組の脚本執筆トリオ、菊島隆三、小国英雄、黒澤は熱海の温泉旅館に籠って、毎日、朝一〇時から、軽い昼食とお茶を挿んで、夕方五時まで、一日も休まず頭を絞る。三人が執筆中の部屋へは、女中さんも入れないほど緊迫感が漂っている。書き上がる頃には、もう疲労困憊の極だ。普通大体一か月かけて脚本を書き上げるのだが、このハリウッド映画の脚本では、いつもの三倍の三か月もかけて、第一稿がまとまったのは、一九六七年五月三日。

この時、小国から、「お前、頭が変になったんじゃないか」と言われるほど、黒澤は頭が擦り切れそうになるまで没頭した。小国は「こんなに汗垂らした仕事はなかった。本当に精力を使いきった」と回想している。

二百字詰原稿用紙で一〇〇〇枚。そのまま映画にしたら七時間になる。この脚本は、山本五十六が昭和一四年九月一日、聯合艦隊長官として、和歌山市近郊の和歌之浦に停泊中の戦艦長門に着任し、昭和一六年一二月八日、真珠湾奇襲が実行されるまでの二年三か月を、米太平洋艦隊司令官ハズバンド・キンメルとの対比で描いたもの。一方は栄光に輝き、一方は恥辱にまみれる。

こうして完成した準備稿はＢ５判変型六五九頁で二〇部製本し、同時に英訳されて二〇世紀フォックスに送られた。

橋本忍によれば、黒澤の脚本作りの最大の特徴は、手抜きしてはいけないものには手を抜かず、常人ではおよそ考えられないあらゆる努力を積み重ねるのを惜しまない。

娘和子によれば、黒澤は脚本を自宅では書かなかったが、脚本の執筆が近付いて来ると、家の中でも、今日食べたいもの、食事の出来具合、話を挟む相手のテンポ、暑い寒いまで、思う通りでなければイライラしてくる。集中したい、頭の中で道筋を追っているから関係ないことで邪魔されたくない、思いついたことを忘れたくない、そんな雰囲気が黒澤の周辺に現れてくる。執筆の前からそんな状態になるのだから、三カ月も旅館に缶詰になって一日中執筆していたら、常時傍にいる小国から見ても、異常になっていたのだろう。

和子は言う。熱が出た時のように話が極端に飛んで、神経質になり、摩訶不思議な言動が出始めたら、心身共に疲れ果てている徴候であるから、気分転換して休養をとらすようにしなければいけない、と母（喜代。黒澤の妻）から教わった。

後述するが、「トラ・トラ・トラ！」を京都東映撮影所で開始してから、黒澤の言動が常軌を逸するようになる。喜代と和子が急遽、東京から京都に駆け付けた時には重症となっており、これが黒澤の降板の理由となった。徹底して撮影にのめり込んで行くから、傍の人には異常のように見える。黒澤と付き合いの長い家族や、黒澤組のスタッフはこの辺のことを熟知して接するが、黒澤のことを知らない、任侠もの映画全盛の東映京都太秦撮影所では黒澤は後述するように付き合いきれない監督扱いされるようになった。

第6章✺「トラ・トラ・トラ！」に異常なまでに打ち込んだ黒澤

周到な準備のうえに出来あがった脚本

二〇世紀フォックスのプロデューサー、エルモ・ウイリアムズは、黒澤の一次脚本を読んで、黒澤作品の特色の一つである師弟関係物語（「姿三四郎」の柔道師範矢野正五郎と三四郎、「野良犬」の新米村上五郎刑事と老練な佐藤刑事、あるいは「七人の侍」のリーダー勘兵衛と少年侍勝四郎のような関係）を感じた。それは、真珠湾作戦の発案者山本聯合艦隊長官と、真珠湾攻撃の総飛行隊長淵田美津雄中佐との関係であった。前述したが、黒澤自身も「自分は青二才が好きだ。未完成な者が完成して行く道程にも限りなく興味を感じる。だから自分の作品には青二才がよく出て来る」と言っている。

人間同士の信頼において、それぞれの立場から計画を秘密裏に練り上げ、障碍を克服していったのは、山本を中心にした、大西瀧治郎（第一一航空艦隊参謀長）、源田實（航空艦隊航空参謀）、草鹿龍之介（航空艦隊参謀長）、宇垣纏（聯合艦隊参謀長）、黒島亀人（聯合艦隊先任参謀）、渡辺安次（聯合艦隊戦務参謀）の面々である。これは、「七人の侍」における、勘兵衛を中心とする七人の侍を思わせる。

黒澤が脚本にどれだけ心血を注いだかは、細事への拘りからも分る。準備稿を書く前に、長岡市の如是蔵博物館を訪れ、山本五十六の遺品や書を見、山本の長男の義正に何度も会って、山本の趣味や嗜好品、くせ、口ぶりまで細かく取材した。

最初の、山本長官が長門に着任するシーンの脚本には、登舷礼配列図まで正確に書かれている。どのように関係者が整列して聯合艦隊長官を出迎えるのかを、この黒澤の脚本に描かれている配列図で初めて知る人は多いだろう。取次水兵、舷門番兵、取次、掌帆長、衛兵伍長、副直将校、当直将校、旗艦長門艦長、当直幕僚、衛兵司令、衛兵隊、楽長、軍楽隊、聯合艦隊司令部幕僚、聯合艦隊揮下艦隊司令官とその幕僚、それに旗艦長門の準士官以上がどのように並ぶのか、が脚本には正確に書かれている。

山本が長門に向かう内火艇の俯瞰図も脚本に書かれている。山本や副官、艇長やチャージの中尉、水兵、どこに誰が位置するか、軍艦旗や中将旗（山本は着任時は中将）は内火艇のどこに掲げられるか。が一目瞭然である。黒澤の舞台美術（大道具）へのこだわり、入念な準備のほどが分る。

真珠湾攻撃に際しては、旗艦赤城のマストにZ旗が掲げられた。Z旗が掲げられるのは、日本海海戦以来、三六年ぶりであった。

黒澤はロケーションに出ると、毎晩メインスタッフや俳優達と夕食を共にする。黒澤作品のスクリプター（記録係）を長く務めた野上照代によると、時には昔の小学唱歌の話になり、突然「日本海海戦」を朗々と歌い出す。「敵艦見えたり近づきたり。皇国《みくに》の興廃ただこの一挙。各員一層奮励努力せよと。旗艦の帆柱《ほばしら》信号揚る」。これを歌う黒澤は少年のようだった、と野上は回想する。旗艦赤城にＺ旗が翻るシーンを書く時、黒澤の頭にこの小学唱歌「日本海海戦」が頭に浮かんだのは間違いあるまい。

黒澤自ら描いた絵コンテは二〇〇枚以上

準備稿が出来上ると、黒澤は絵コンテを二〇〇枚以上書いた
黒澤は言う。

「自分のイメージをスタッフに伝えたいだけ。感じをつかんでくれりゃそれでいい。僕は口下手だから、うまく言えない。絵コンテを見せて『こんな感じ』と言った方がスタッフに分りやすいしね」

絵コンテは、映像の設計図である。スタッフは「絵コンテ」があれば、セットの準備もチェックも調えやすいし、疑問点があれば、あらかじめ監督に尋ねることも出来る。「トラ・トラ・トラ！」の後ではあるが、「影武者」でセカンド助監督だった井上英之によると、採色された絵コンテのカラーコピーを二部とって、一部は美術監督へ、一部はスタッフルームに掲げられた。これによってメインスタッフは目にすることが出来た。

黒澤によれば、「絵コンテを描く時、随分いろんな事を考える。その場所のセッティング、

その場面に出る人物の心理や感情、その人たちの動き、それを掴まえるキャメラアングル、光線の状態、衣裳や小道具、そういう色々な事を具体的に考えないと、その場面を絵に描けない。いや、それを考えるために絵コンテを描くのだ、と言った方がいいかも知れない。私はそうやって、映画の一つ一つの場面のイメージを目に見えるように固め、膨らませ、しっかり掴んで、それから映画の撮影に臨む。しかし、どうしても、この作業はシナリオを書く時から私の頭の中に始まっているらしく、書き損なった原稿用紙の裏に色々な絵が描いてあるのを時々見付けることがある」。

映画用の絵コンテを描くのは、リンゴやバラの花を写生して描くのとは違う。「トラ・トラ・トラ！」の場合、軍艦、飛行機、軍服は当然正確に描かねばならず、操縦員の服装や、爆撃シーンの機上の様子を描く場合、爆撃照準器の正確な形（ドイツ・ゲルツ社製のものを国産化した九〇式爆撃照準器）まで調べて万全を期す。戦記物を読むのが好きで、いろんな本を読んできた人でも、爆撃機から下を覗く爆撃照準器がどんな形をして、どのくらいの大きさかを、考えた人は少ないだろう。

文章で書くのは簡単だが、映像にするには、確実な形を作らなければならない。「トラ・トラ・トラ！」の場合、黒澤は御殿場の別荘に籠って二〇〇枚以上の絵コンテを描いている。この絵コンテ描きでは、キャメラマンの斉藤孝雄、美術の村木与四郎、チーフ助監督の大沢豊、B班監督（演技シーン以外の監督）の佐藤純彌を連れて行き、大きなテーブルの上にビニールを敷いて、その上に聯合艦隊三〇数隻の軍艦の模型を全部置いて、どの方向から撮影したらよいか、アングルを変えながら絵コンテを描いた。靄《もや》がかかっている雰囲気がいい、というのでドライアイスを買ってきて使った。

絵コンテの多くは、黒澤プロダクションのあった東京プリンスホテルの便箋の裏を使っている。原画の大半は二〇世紀フォックス社に送られ、ハリウッドの専門スケッチ・アーチスト（絵コンテの専門画家）を驚かせたという。

これらの絵コンテは、黒澤の降板により散逸していたが、美術監督だった村木与四郎がかなりの数を所有していた。また、米映画芸術科学協会付属図書館にも数十枚あることが分り、その一部を見ることが出来るようになった。

「トラ・トラ・トラ！」の黒澤の絵コンテは正確・緻密に描かれており想像で描いたものではない。後述するが、精神病理学者は、黒澤の凄まじいまでの入念さ、徹底性、完全性、粘着力は、典型的な「癲癇気質《てんかんきしつ》」の表れだ、と言う。「適当に」という言葉は、黒澤の辞書にはないのだ。

撮影の鬼となって、現場では、助監督やスタッフを怒鳴りまくり、面罵することなど日常茶飯事。倦まず、弛まず、雷を落としては、より以上、より完全、より最高を要求する。難行苦行の末、何日もかけ、ぎりぎりに絞り上げ、やっとあるシーンを精も根も尽き果てて、撮り終った時、「ＯＫ！　今のは良かった」と言って、すぐに「じゃあもう一回！　このシーンをやろう」と、さらに一〇〇％も一一〇％にすることを要求し、スタッフも役者も卒倒しそうになった話もある。

黒澤の描いた絵コンテ二〇〇枚のうちの何枚かを見ただけで、黒澤の凄まじさを感じる。精神病理学者がいう「癲癇気質」が黒澤の数々の名作を生んだ原因であるが、それがハリウッドから監督を降板させられる原因ともなった。

「トラ・トラ・トラ!」の後の「影武者」撮影時であるが、イラストレーター横尾忠則は黒澤の厖大な絵コンテを見せられ、「黒澤組のスタッフ全員は、監督にここまでやられると、もうやるしかないという覚悟を突き付けられたのも同然だ。うまくいかなきゃ監督のせいでなくスタッフや役者のせいだ、と思わせるだけの催眠術的な魔力がこの絵コンテには存在している」と驚いている。

二〇世紀フォックスと基本的テーマで対立

黒澤が基本脚本を完成して以来、二〇世紀フォックス側から数々の疑問点や改正要求があり、二七回にもわたって、改訂が繰り返された。脚本の統合・調整者はプロデューサーのエルモ・ウイリアムズで、最終決定者はダリル・ザナック二〇世紀フォックス社長。

準備稿作成と、米側との度重なる改訂作業に黒澤は神経を擦り減らした。自分の思い通りにならない度に、黒澤は癇癪《かんしゃく》を爆発させた。「頼んでおきながら、なぜ俺のやりたいようにやらせないのか」、「なぜこんなことにケチをつけるのか。俺が一番大事にしている所が何も分っていない」と怒る。癇癪爆発も「癲癇気質」者に典型的な症状らしい。

今までの黒澤のやり方だと、第一稿作成で、そのまま脚本は完成し、黒澤の思い通りに撮影が出来るのだが、今回の「トラ・トラ・トラ！」はそういかなかった。米側から遠慮のない疑問や削除要請がある。ほぼ完全稿に近いと黒澤は思っているのに、いろいろ注文がくるのに苛立った。

黒澤の基本的テーマは、百年、二百年後までも古くならない、古典的価値を持つ「山本五十六長官の悲劇」、すなわち、人間間、国家間の誤解から生ずる悲劇である。古代ローマの英雄シーザーの悲劇の現代版と言えばわかりやすいかも知れない。しかし、二〇世紀フォックスが求めるのは、英独米の双方からノルマンディー上陸作戦を描いた戦争映画「史上最大の作戦」と同じような、興業的成算のある、観客が楽しめる戦争スペクタクルだ。

ハリウッドは、人間の織りなす悲劇などには関心は薄い。関心があるのは、古代ローマ時代を描いたウイリアム・ワイラー監督の「ベン・ハー」（一九五九年）やデービッド・リーン監督の「アラビアのローレンス」（一九六二年）のようなスペクタクル活劇である。

「史上最大の作戦」は、有名俳優がオールキャストのように、顔をそろえる痛快な戦争スペクタクルだ。面白いがそれ以上のものではない。「史上最大の作戦」には、日露戦争時代に大統領だったセオドア・ルーズベルトの長男セオドア・ジュニア陸軍准将が将官としては、最初にノルマンディーに上陸する場面もある。

このセオドア・ルーズベルト・ジュニアは第一次大戦後のワシントン海軍軍縮会議当時の海軍次官で、反対する多くの米海軍提督達を海軍省に集め一喝して黙らせ、条約調印への道を開いた人だ。ワシントン海軍軍縮条約は、日本海軍の主力艦の比率を米英に較べて六割に制限した。対米戦に入って六割の劣勢ではとても勝てない。山本が航空兵力によって主力艦劣勢に対処しようとしたこと、あるいはハワイを奇襲強襲して日本の優勢態勢を築こうと考える原因を作った一人がセオドア・ルーズベルト・ジュニアだったと言えなくもない。

太平洋戦争当時の大統領フランクリン・ルーズベルトは遠縁にあたるが、フランクリンとセオドア・ジュニアの間はあまり良くなかったらしい。

熱海の旅館に、一〇〇日も籠って書いた準備稿を、東京の自宅に帰ってからも、黒澤は手を入れ続ける執着ぶりだった。最初付き合っていた菊島隆三も、黒澤の執念にあきれたのか、黒澤宅に来なくなった。

黒澤と脚本で話し合ったエルモは、黒澤の頑固さと入れ込みの強さに、「東洋人の思考回路は全く分らん。もうつくづく嫌になった」とぼやいた。温好で辛抱強いエルモであったが、芸術至上主義の黒澤の頑固さと執念には辟易《へきえき》した。黒澤映画思想とハリウッド映画思想の違いともいえる。黒澤にとって、妥協すれば、その瞬間から、黒澤作品は潰れてしまう。

米国側監督人選への黒澤の不満

米国側を描く監督に、リチャード・フライシャーが一言の相談もなく決ったことにも黒澤は怒った。黒澤はフライシャーの作品「ミクロの決死圏」(一九六六年)を東京の映画館でみて、気分が悪くなった。人間の体にミクロの人間が入って行くという科学ファンタジー映画である。黒澤はフライシャーに対し徹底的に不快感を持ち、「ミクロ野郎」と忌み嫌っていた。

フライシャーは、「海底二万哩」、「ミクロの決死圏」、「ドリトル先生不思議な旅」等を作った監督だが、どんな種類の映画でも器用にこなす、職人型監督で、黒澤と較べると格が落ちるのは歴然としていた。

ハワイで、プロデューサーのエルモとフライシャーに会った時、次々と出される料理に、フライシャーが味見もせずにケチャップをドボドボかけて食べるのを見て嫌悪感が増幅した。黒澤の娘和子によれば、黒澤はトマトケチャップが嫌いだった。黒澤の甥（妻喜代の妹照子の息子）で黒澤宅に住んだこともある映画評論家島敏光は子供の頃、北海道から最高級のタラコが届いた時、島がタラコにマヨネーズをつけて食べると「そんなことをする奴は大嫌いだ！」と叱られたそうだ。トンカツ一つとっても「トンカツなんてね、最近やたらに厚くなったけど、厚けりゃ良いってものじゃないよ。トンカツというものは、肉は紙くらい薄くてバリバリとせんべいを食べるような感じが最高だよ」と俳優の土屋嘉男に言っている。

アメリカ人は食べ物の味に関心が薄く、フライシャーのやるようなことをやる人が少なくない。食べ物の味の分らぬ奴には芸術が解らない、映画は撮れない、味の分らない奴はろくな才能じゃないんだ、というのが黒澤の持論で、食べることにこだわるのが黒澤だ。

それは、決して上品ぶった料理、たとえば京料理やフランス風高級料理を好んだのではないが、うまいものを食う、という執念は人一倍なのである。京都へ行けば、創業三百年近いスッポン料理の老舗「大市」がお目当てで、「唯一この鍋だけで二〇〇有余年続けて来られる。これこそ職人業だ」と喜んだ。高価で貴重な牛の特定部分の肉を好んだことや、スコッチの「ホワイト・ホース」を特定して愛飲したことで、黒澤の飲食へのこだわりが知られよう。ウイスキーの飲み方はほとんどがミネラルウォターを使った水割り。ステーキはレア、ネギ巻きに使うマグロは大トロだけ、サケのアラを大根おろしで煮る時は一切調味料を使わない。秋田の角館から取り寄せる納豆には醤油しか入れない。海苔やネギの混入は許さず、辛子は邪道、玉子など以ての外、化学調味料に至っては親の仇のようなものだった。

黒澤は牛肉が好きで、自宅に集まる人々に極上のステーキを振舞い、昭和四五年から同五五年の時期に一か月の牛肉代が一〇〇万円を突破していた。黒澤夫人は「これは交際費じゃないか」と申し入れたが、税務署はレストランでもあるまいし、と信じなかった。当時高価だったスコッチの「ホワイトホース」を何ダースも注文する。注文を受けた酒屋はビールの間違いだろうとビールを運び込んできたり、ミニチュア・ボトルを持って来たこともあった。

スコッチは一時カティーサークになったが、晩年はロイヤル・ハウスホールドとなった。若い頃は一人でボトルを一本半飲み、八〇歳を超えても興にのれば一本の八分目は飲んだ。目玉焼きが気に入り、目玉焼きを半年間毎日食べ続けたこともある。これは黒澤の娘和子の話。徹底してこだわる黒澤の「癲癇気質」だろう。和子によれば、人に旨いものを振舞うのが好きで、仲間と旨いものを食べながら、語り合うのを何よりも好んだ。

黒澤は好き嫌いが激しかった。一度、嫌いとなると、考えを変えることはない。米側監督がフライシャーとなったことは、黒澤の怒りを増大させ、彼の心理的負担感に少なからず影響を与えた。

映画評論家西村雄一郎が黒澤から聞いたところでは、黒澤が映画化の話を受けた時点では、米側監督には名作「真昼の決闘」（ゲーリー・クーパー主演、一九五二年）を撮ったフレッド・ジンネマンの名前が上がっていた。少なくとも、黒澤はそう信じていたようだ。フレッド・ジンネマンは、真珠湾奇襲直前のハワイの陸軍基地の人間関係を描いた「地上《ここ》より永遠《とわ》に」（一九五三年）の監督。バート・ランカスターやフランク・シナトラ、それに女優にデボラ・カーの主演である。

ハワイ人口で一番多いのは日系人なのに、日系人が全然出てこないのが疑問と言えば疑問の映画だが名作には違いあるまい。米陸軍内での新兵しごきは、日本陸軍内務班内での新兵リンチを思わせた。また、中隊長の大尉（その妻がデボラ・カー）が隊務を有能な下士官（バート・ランカスター）に任せきりとか、大尉ともなれば、下士官や兵にとって別格の存在というのも日本陸軍同様なのが分る。

「悪い奴ほどよく眠る」（一九六〇年）から「赤ひげ」（一九六五年）まで五本の黒澤作品でチーフ助監督を務めた森谷司郎は言う。

「一度嫌いになったら、もう絶対に駄目でね。見直すということのない人です。そういう意味ではパラノイアチックな所があって、だから、うっかりすると茶坊主が増える恐れがある」

「七人の侍」でデビューした俳優の土屋嘉男も、「和気藹々として話をしている時、自分の気に入らない人間が現れると顔色が変った。それも普通の変り方でなかった」と言う。森谷司郎によれば、黒澤は「ものすごく、人見知りをする人」だった（『巨匠のメチエ』）。黒澤は、嬉しがり屋、寂しがり屋、話したがり屋、我がまま、だったと言うのは士屋嘉男。森谷に評価されて「八甲田山」（一九七七年）のキャメラを担当した木村大作によれば、森谷は「男っぽい人」だった（「踏み越えるキャメラマン」日本経済新聞、二〇一四年六月四日）。

プロデューサーのエルモに、「フライシャーが監督では相手にならない。もっと格が上の監督に代えろと」と伝えた、とも言われる。

第7章✺「トラ・トラ・トラ！」制作発表はしたものの……

東京プリンス・ホテルでの制作発表

一九六七年四月二八日、「虎・虎・虎」（最初の題名は「虎・虎・虎」だった）の制作発表会が芝公園の一角にある東京プリンス・ホテル二階大宴会場で開かれた。エルモ・ウイリアムズ、黒澤明、小国英雄、青柳哲郎（日本側プロデューサー）が並んだ。

黒澤は立って、「私が手掛けたどの映画よりも責任が大きい。題材、制作の意義を考えれば当然のことだ。とにかく、後世の歴史に留め得るような映画にしたい。この作品は勝利の記録でも、敗北の記録でもない。一口で言えば、日米両国の誤解の記録であり、優秀な能力とエネルギーの浪費の記録です。つまり、典型的な悲劇の要素を根底にした作品といえる。そして、戦争の中の人間性を掘り下げてみたい。問題の多い仕事になりそうだが、映画界だけでなく、日本政府や防衛庁（現防衛省）、アメリカ政府や国防総省など広く日米両国多方面の方々にも全面的なご協力をお願いしたい」と挨拶した。

自宅を訪れた人々に、黒澤は次のように言った。

「この映画を見たら、真珠湾攻撃は騙し討ちなんて、誰にも言わせない」、「この映画は天皇陛下にも観ていただく」

「これは、ドキュメンタリーなんかじゃない。スペクタクルでもない。悲劇だ」

「とにかく、歴史にドーンと残る、どっしりした映画を作る。一〇〇年や二〇〇年で古くなるような映画なら要らないよ」

以上の黒澤の言葉から、黒澤がどんな作品を狙ったかが明白である。

この日の制作発表会で、一九六八年一月に制作を開始し、一九六九年一月に公開と発表された。この時点で、米国側監督は決まっていなかった。

黒澤脚本への米国側のダメ出し

発表会から二か月後、六月下旬の二週間、エルモは東京プリンス・ホテルに投宿して、脚本の問題点の指摘や意見交換を行った。黒澤は自分の準備稿に固執し、自説を枉《ま》げない。黒澤は制作上の問題点やコストは考えず、「山本長官の悲劇」を基本テーマにして脚本作りに没頭してきた。芸術家の自負として、自分の脚本にこだわり、エルモの意見には耳を貸さない。思い通りにならない度に癇癪玉を爆発させる。日本のプロデューサーは脚本や演出、編集には大体、口を挿まないが、米国のプロデューサーは脚本だけでなく、演出、編集の最終決定者で、脚本や監督の撮ったフィルムに大ナタを振うことは珍しくない。

プロデューサーのエルモや二〇世紀フォックスのザナック社長は脚本、演出、編集に一家言を持っており、監督はその指示に従わなくてはならない。あのジョン・フォードが撮ったフィルムさえ、ザナック社長は大幅な修正を命じて、別の監督に追加撮影させている。エルモも前述したように、名作「真昼の決闘」でアカデミー編集賞を受賞するなどの力量を持っている。「両雄並び立たず」と言うが、ザナック、エルモ、黒澤の三雄が同じ仕事をするとなれば大変だ。

「頼んでおきながら、なぜ俺のやりたいようにやらせないのか。なぜ、こんなことにケチを付けるのか。俺が一番大切にしている所が何も分っていない」と黒澤は苛立つ。

「一歩でも譲歩や妥協をしたら、ズルズルと後退が始まり収拾がつかなくなる。妥協は即崩壊であり、自我の押し通しのみが自己の夢である作品を完成させる」と、後に黒澤はシナリオライターの橋本忍に言っている。

しかし、エルモとすれば、そのまま黒澤案を認めると、山本長官の個人的話になってしまう。前述したように「東洋人の思考回路は全く分らん。もうつくづく嫌になった」とこぼすようになった。

一九六七年七月二四日から三一日まで、ハワイで黒澤・エルモ会談が開かれた。

この時、米国側の監督になったリチャード・フライシャーも出席した。米国側の監督が決まっているのを聞いた黒澤は「一言の相談もなく、フライシャーに決まったとは何事だ！」と激昴。ホテルの部屋に入ったまま出てこない。エルモがまとめたフォックス版第二稿を、黒澤プロダクションのプロデューサー青柳哲郎による説明を頼りに、脚本の問題点を把握するのが黒澤にとって精一杯だった。青柳は黒澤の部屋とエルモの部屋をうろうろと往復するだけの有様。

米国側監督のリチャード・フライシャーは、一九一六年生れで、黒澤より六歳年下の当時五一歳。フライシャーでは、黒澤に対するには重量感に欠けるとエルモも思ったが、副社長のリチャード・ザナックの強い押しで決まったことだ。エルモは後に言った。「黒澤があれほどまでにフライシャーに激しい拒否感を示すとは全く予想外だった」

「人には皆、虫というものがあって、いくら理に適っていようが『虫が好かん』と虫の方が厭がることもある。黒澤さんは特に、その虫がとても強かった。スタッフルームにいても、時々外を通る俳優の中に『虫の好かん』のがいた。その都度嫌悪を口にした」、「和気藹々と話をしている時でも気に入らない人間が現れると、顔色が変った。それは全く普通の変り方でない」と、黒澤映画に数多く出演し、黒澤から可愛がられた俳優土屋嘉男は言う。

また、記録係として黒澤に長年接して来た野上照代によると、「いったん気に入るとべた惚れ状態になるが、何か嫌になると憑いた狐がおちたように大嫌いになる。今までに何人かそういう人がいた」。

映画評論家の白井佳夫は、フライシャーは黒澤に較べると格下の職人娯楽映画監督だ、と切り捨てる。

黒澤は青柳を通して、フライシャーでは話にならない、もっと大物に代えよ、と伝えたが、エルモが聞き入れるはずもなかった。制作本部長で副社長のリチャード・ザナックからの直々の指名なのだ。

黒澤は暑さが苦手だった。よりによって、酷暑のハワイに呼びだすとは、何事か、との苛立ちもある。しかし、プロデューサー・エルモにとって、一九六九年一月に公開のスケジュールは変えられないし、黒澤へも伝えてある。制作には一年間かかる。そうすれば、一九六八年の一月に制作を開始せねばならない。制作開始の前の俳優とかスタッフの選定などのプリプロダクションといわれる準備は一九六七年末までに終了させる必要がある。このプリプロダクション始動の前提条件は脚本の完成だ。このスケジュールを考えれば、最終脚本は一九六七年の夏に終らなければならない。ハワイで会合を持ったものの、脚本に関して一切妥協しない黒澤の態度にエルモは辟易した。

エルモは後に回想した。

「三頭の虎（「トラ・トラ・トラ！」にかけて言った）と格闘するのは途方もない経験だった（三頭の虎とは、二〇世紀フォックスの社長とその息子の副社長兼制作本部長、それに黒澤）。どうしても、格闘したいという人がいるのなら、他の二頭はともかく、日本の虎（黒澤）との格闘だけはやめた方がいい」

一〇〇年、二〇〇年先にでも、古くならない、古典になるような作品を作るためには自分の脚本しかない、と黒澤は妥協しない。そうでなければ、「トラ・トラ・トラ！」でなく、「ネコ・ネコ・ネコ！」になってしまう。

前年、黒澤はハリウッドから話のあった「暴走機関車」の脚本で、ハリウッド側と折り合いがつかず、結果として作品化出来なかった苦い経験がある。米国での制作ということで、この時は自分が自信を持って書き上げた脚本が構成まで次第に崩され変質していった。喰い違いを部分的に修正しようと四苦八苦しているうちに、後戻しがきかなくなり、全体がおかしくなる。そのうちに、二進《にっち》も三進《さっち》もいかなくなった。「暴走機関車」で黒澤が得た教訓は、ハリウッドとは絶対に妥協するな、だった。

後のことだが、黒澤が「トラ・トラ・トラ！」で降板させられた後、ソ連政府の慫慂でシベリアを背景に「デルス・ウザーラ」を撮ったことがあった。モス・フィルムと全ソ映画公団と制作協定をしたが、その協定には「『デルス・ウザーラ』はソビエト映画である。但し監督黒澤明の創造上の意見は一〇〇％尊重する」と明記されていた。これは、黒澤のハリウッドでの苦い体験から書き込まれたものだろう。

この時、黒澤執筆の脚本第一稿はソ連に送られ、向こうのシナリオライターであるユーリー・ナギービンによる第二稿の日本語翻訳が黒澤の許に届いた。ナギービンのシナリオはアクションの場面を増やし、ドラマチックにしようという意図が露骨だった。黒澤は一読するや「こんなホン（脚本）じゃ撮れない」と台本を投げ捨てる。一九七三年一〇月にナギービンが来日し、打合せは何日も続いた。スタッフは「日露戦争」と言ったが、結局、協定に基づき黒澤脚本に決まった（『もう一度天気待ち』）。

黒澤脚本では映画「トラ・トラ・トラ！」が長すぎてしまう、とエルモは指摘。黒澤は「僕は撮っているうちに、どんどん短くなる。そして、編集でまた短くなっていく。必要な時間内には必ず短く収めるから任せてくれ」だ。確かに、黒澤は脚本執筆に心身をすり潰すほど精力を傾けるが、実際の撮影中にも色々のアイデアや考えが浮かんで、シナリオ通りにならないこともある。とにかく、徹底的に完全主義を貫く。ハリウッド方式は、脚本は複数の専門脚本家が分担して書き、絵コンテは専門の数人の画家が書く。監督は全ての御膳立てが揃ってから、毎日何フィートというノルマに従って、厳密なスケジュール通りに演出する。編集も専門編集家が受持つ。全体調整はプロデューサーがやる。

予算通りの費用で、スケジュールに間違いなく、制作するにはハリウッド式が合理的だ。脚本家、絵コンテの画家、演出家、編集家とは、それぞれ詳細な契約書を交わす。

黒澤方式は脚本、演出、音楽、編集まで、全て黒澤が自分の思い通りにやる。

F・W・テイラーの科学的管理法による製造管理と、名人気質職人の仕事の違いと言ってもいい。黒澤は後に、甥の島敏光に次のように言った。

「ハリウッドの連中はね。僕の映画作りと違っていたみたいなんだ。ハリウッドには、それぞれの分野に必ず専門家がついてね。キャメラにしても、小道具にしてもね。全部専門家に任せきりで監督はあまり口出ししないんだ。監督は全ての準備が整ったところで登場し、にこやかに椅子に座って『用意、スタート』と声をかければいい訳よ。監督は全体を見ていればいい訳さ。でも、僕のやり方は違うだろ」

島によれば、黒澤は何から何まで自分が目を通さなければ気が済まない。キャメラアングルも自分で覗くし、小道具の一つ一つまで念入りにチェックする。それが思い通りにならない時とか、スタッフに誠意が感じられない場合は激昂する。そんなやり方が（京都東映撮影所での）現場で反発を買うこととなる。

黒澤が絶対に妥協しないと考えた基本点は、この映画はスペクタクルではない、悲劇だ、という点であり、描きたいのは運命に翻弄された山本五十六という武人の悲劇である。

悠久の歴史の中で一瞬登場し、次の瞬間消えていった一人の人間が志に反して二つの国の激突を演出し、母国を滅亡の淵に陥れてしまったその悲劇を中心として真珠湾の物語で描きたい。

文学にせよ、戯曲にせよ、古典として残っているものは、全て人間悲劇か、あるいは人間喜劇、そして人間の存在自身の在り方を問うものだ。最後まで自分側につくと思って信頼していた弟分ブルータスが自分に刃向う側に居ることを知って、「ブルータス。お前もか！」と叫び、戦意を失ったシーザーの悲劇は、永遠に人々の心を打つだろう。

山本五十六には恐ろしい運命が待ち構えていた。そのことを知っていたから、避けよう避けようと懸命に努力する。それなのに却ってその運命に引き寄せられてしまう。これだけはやるまいと必死に行動した人間が、結局その最も恐れていたことを自分でやってしまう。日米戦争に反対し続けるものの、遂に対米戦争の最高司令官になって戦わざるを得なくなった、敗れると分っていながら、何とか一戦華々しく戦って死んでいこうと考えた武人山本五十六の悲劇を描こうとしたのが黒澤である。それは、提出した建策を天皇の側近公卿から受け容れられず、もはやこれまで、と兵庫の湊川で足利尊氏の大軍に突入して散った楠木正成の悲劇と相通ずるものがある。

黒澤が山本の悲劇を描こうとしたのに対して、ハリウッド側は痛快無比の軍艦や飛行機が活躍する戦争劇映画を考えていて、「史上最大の作戦」と同じように、大当てしようとしたのだ。七〇ミリの大スクリーンに、立体音響で、戦闘シーンの迫力を観客に味わってもらう。軍艦や飛行機の戦闘スペクタクルを盛り上げたい。いわば、「戦争ごっこ」の映画だ。興業第一主義のハリウッドとしては当然であろう。

エルモは黒澤との会見ののち、一九六七年九月二〇日、「決定脚本稿」を仕上げて、黒澤プロダクションに送り、翌日の一九六七年九月二一日付で黒澤に了承して欲しいとの次のような手紙を送付した。

「貴下のような感受性の鋭敏な芸術家にしてみれば、何箇月も手塩にかけて書いた自分の脚本のいくつかの部分がこの『決定脚本稿』で削除されていることに、苦痛に感じることはあろうかと思います。どうか本稿の内容を客観的に検討して戴きたいのです」

黒澤脚本の一部はハリウッド側のエルモ・プロデューサーによって削られた。もちろん、黒澤脚本では、映画が長すぎるようになるということもあったためだ。削られた部分の一部と、エルモが評価した部分の一部を紹介する。

◎海軍大学校での図上演習のシーン（削られたシーン）

黒澤の脚本には、東京目黒の海軍大学校において昭和一六年九月一一日から九月二〇日までの一〇日間行われた一般図上演習と並んで、極秘裏に行われた「ハワイ作戦特別図上演習」があったが、二〇世紀フォックス側はこれを削り、黒澤を怒らせた。黒澤はこの図上演習を防衛庁戦史室の全面的協力を得て、徹底的に調べ上げ、準備稿では四〇ページにわたって詳細に描いている。

この図上作戦のシーンは、真珠湾攻撃の作戦要領と、その危険の大きさを描き、観客の理解を深めることにより、物語の進行を予測させ、感情移入させて、スリルを実感してもらうという黒澤の狙いがあった。

この作品の意図を深めるため、さらに百年後、二百年後の人達の感銘を誘うためには、この海軍大学校での図上演習のシーンが必要だったと黒澤は考えていたから、削除された黒澤の怒りがよく分る。

なお、次の真珠湾攻撃艦隊の出港シーンと、赤城艦上での淵田中佐と源田参謀との会話シーンはエルモが高く評したシーンの一つだそうである（『黒澤明VSハリウッド』）。

◎真珠湾攻撃艦隊の出港シーン

「山本司令長官が宇垣参謀長以下然幕僚を従えて立ち、暗黒の海を眺めている。遠くに、佐田岬の燈台の点滅する光。山本、時計を見て『赤城が（大分県の）佐伯湾を出ていく時間だ』と低く呟き、佐田岬の燈台の方向に向かって、挙手の礼をする。一同、それに倣い、暫く微動だにしない。なにか悲愴な瞬間である」

赤城以下の航空艦隊が佐伯湾を出港して、内地燈台の光の見収めになるかも知れぬ瞬間は、終始日米戦争に反対しつつも、やむなく自分の手で開戦の火蓋を切るという『賽はなげられたり！（シーザーがローマの元老院と対決する決意で、ルビコン河を渡るに際しての言葉として有名）』の複雑な心境と、多くの反対を押し切って、この作戦実施に心命を賭けた山本の心中を現わすシーンである。

◎赤城艦上での淵田中佐と源田参謀との会話

淵田「壮行会の日、長官、わての手をにぎってなあ、なんともいわんで、じっと、わてを見よった。一生忘られへんような悲痛な顔をしよってな。わいはやったる！　きっと、やったるで！」（中略）その淵田の顔が急に引き締まる。「おい、佐田岬の燈台が見えよる。あの向こうが柱島の泊地や。あの長官のこっちゃ、今頃、わてらを見送ってはるんと違うか」。

淵田と源田と村田の三人、佐田岬の燈台の方を向き、直立して敬礼。

淵田の自伝『真珠湾攻撃総隊長の回想』には次のような記述がある。

「（真珠湾攻撃に出発する直前の）昭和一六年一一月一二日、南雲機動部隊の各級指揮官は旗艦赤城に集合し、山本聯合艦隊長官は幕僚を従えて赤城にやって来、訣別の訓示を行った。山本長官が赤城を辞して去る時、隅の方で見送っていた私（淵田中佐）を認めると、長官はつかつかと寄って来て、私に手を差し伸べた。言葉はなかったが、握る手は堅かった。そして、私を見つめる眼には全幅の信頼が寄せられていた。これを応える私の眼も必成の確信に燃えて、いただろう」

並みいる高級指揮官の中で、一中佐に過ぎない淵田の所に歩み寄って、手を握ったのは、真珠湾攻撃の戦術的成果が一にかかって、攻撃総飛行隊長淵田にかかっていたからだろう。山本長官は、南雲機動部隊司令官を信用していなかった。実際に航空部隊を率いて真珠湾を襲う淵田に眼を合わせて「頼むぞ！」と伝えたのであろう。

黒澤の脚本は、この場面で山本長官と淵田総飛行隊長の心の繋がりを言いたかったに違いあるまい。淵田中佐は奈良県畝傍中学出身。日頃から奈良弁だった。

黒澤と二〇世紀フォックス社長との直接会談

一九六七年一二月、黒澤プロダクションは制作が大幅に延期になる、と発表。

事態を重視した二〇世紀フォックスのダリル・F・ザナック社長は日本に赴き、黒澤と直談判すると、プロデューサーのエルモに伝える。毎年十数本の主要作品を世界に送り出すハリウッド・メジャーの社長が一本の企画のために外国の独立プロダクション社長（黒澤）にわざわざ会いに行くというのは極めて異例のことだった。

一九六七年一二月二八日、ダリルは羽田飛行場に到着。

一九六八年の正月明け、帝国ホテルで黒澤・ダリル会談があった。エルモと青柳哲郎が同席した。ダリル社長は言った。「史上最大の作戦」がなぜ世界中で大ヒットしたか、そのヒントを「トラ・トラ・トラ！」に活かしてほしい。ユーモアのあるエピソードや人情の機微に触れる話も含めて、堅過ぎないようにしたい。いかに観客を楽しませながら、語ることが出来るか、それが勝負所だ。

両巨頭会談は成果があった。それまではエルモと青柳を通していたのが、トップ同士で意思疎通が出来るようになった。

脚本家として出発した読書家のダリル社長は山本五十六や真珠湾関係の資料を精力的に読破した。ダリルは一九六八年二月二二日付で次のような書信を黒澤に送った。

「山本は歴史に残る最も興味深い人物の一人だと思います。彼は軍人であると同時に実は平和主義者でもある。アメリカをよく知っている。ハーバード大学に学び、ワシントン駐在の海軍武官も務めている。しかし、同時に山本は天皇と国家に身を捧げる最も日本人らしい日本人である。歴史というドラマの中で山本は最も興味深い人物の一人だと私が思うのは、彼が自らの心の葛藤に耐え続けたからです。キンメル提督（太平洋艦隊司令官）もユニークでドラマチックな人物です。彼は挫折感に苛まれた運命にある。キンメルは彼の太平洋艦隊を真珠湾に留める危険を知っていた。前任者のリチャードソン提督と同様、キンメルは、艦隊はサンジアゴを根拠地とすべきであったことを知っていた。しかし、忠実な軍人としてキンメルは大統領の命令に従ったのです。ドラマという観点からすれば、キンメルは山本に匹敵する重要性は決して持ち得ないでしょう。しかし、我々の映画の中では日米間のバランスを保つために、この対照的な山本とキンメルの二人を主役と設定せざるを得ません」

ザナック社長が言うように、キンメルは山本と較べると凡庸といってもいい提督だった。米海軍の大独裁者ルーズベルトが海軍次官時代に副官として仕え、その愛顧を得たことが、太平洋艦隊長官任命に繋がり、彼の悲劇の原因となった。ルーズベルトは、どんなに有能との評がある者でも知らない者には冷淡で、自分のよく知っている者を枢要の地位に任命する大統領として知られた。リチャードソン、キンメル、それに真珠湾奇襲時に海軍作戦部長で直後に更迭されたスタークについては第9章で後述する。

更にダリルは、一九六八年三月一三日付で黒澤に次のような手紙を送った。

「以前の私は貴下への手紙の中で、この映画には山本とキンメルという二人のスターが必要と書いたことがあります。今日までの脚本改訂作業の結果、この映画の主役は一人しかいないことが明らかになりました。それは、山本です。キンメルはじめ、スターク、ハルゼー等、重要な登場人物はいます。しかし、そのうちの誰一人として山本に匹敵するスターの範疇に入れるべき人物はいないのです。これは我々が恣意的にそのようにしたのではなく、登場人物の性格作りを突き詰めていく過程で結果的にそうなったのです」

読書家のダリル社長は山本関連の資料を出来るだけ目を通し、山本の見識・勇気を知り、キンメルの凡庸さにも気付いたのだと思われる。

一九六八年三月一日付の次のようなメモを黒澤は青柳哲郎に渡している。

○山本とキンメルの対照。その悲劇の考え方を、もっと掘り下げる必要がある。

○山本の生き方は悲劇的だが、一〇〇％生きた。キンメルは逆に二〇％も生きられなかったところにその悲劇がある。
○日本とアメリカの間にある、組織とコミュニケーションの違いが、真珠湾のストーリーの悲劇だと思う。
○欧州作戦のノルマンディー作戦は大変だったに違いないが、アイク（アイゼンハワー）の演出した一つのショーだと思う。真珠湾作戦はそんなものではない。それは、日本にとっても、アメリカにとっても悲劇だ。ショーではない、悲劇なのだ。ザナック爺さん（二〇世紀フォックス社長）は、それを良く知って欲しい。
一九六八年三月二二日付の黒澤による「撮影稿」が完成。

一九六八年五月二七日と二八日の両日、カリフォルニア州ビバリーヒルズで、黒澤とダリル・ザナック社長の、二度目のトップ会談が行われた。
ハリウッドの最後の帝王と呼ばれたダリルは、トレード・マークの太縁、大きな黒サングラスと太い葉巻をくわえて、ホテルで黒澤を迎えた。黒澤の要望でエルモ・プロデューサーとフライシャー米国側監督は外され、通訳青柳哲郎を介した黒澤・ダリル差しの会談となった。直ちに脚本の話となり、ダリルがまず口火を切った。
○一九六八年三月二二日の「撮影稿」は気に入っているが、全部で七一六シーンがある。上映時間は三時間を七分間超過してしまう。コンパクト化する必要がある。
○日本側撮影シーンの方が米側のそれよりも緊迫感があって、良く出来ている。

○しかし、総じて言えば、ヒューマンタッチやユーモアという人間的要素をもっと織り込んで観客の共感出来るものを目指す必要がある。

ダリルは脚本家として出発し、ジョン・フォードの数々の名作制作にタッチして来たキャリアがあり、指摘は鋭い。

大筋の主旨は分った、細部については、よく考えてご意見を無駄にしないようにする、長さについては、自分はいつも、リハーサルをしっかりしてから撮るから、撮っているうちにどんどん短くなる、あまり心配しないで欲しい、と黒澤は応えた。

帰り際、ダリルは、明日の一〇時にまた来て欲しいと伝える。

ダリルはその夜、徹夜して脚本の検討をしたようだった。

翌日は、前日よりも更に気迫と威厳を感じさせる調子で言った。

○陳腐で、思わせぶりなシーンは一切いらない。作り手の勝手な思い込みや、こだわりは全部捨てよう。

○だらだらと持って回った言い方は不要だ。

○前にどこかで見たようなシーンは全部切る。

○シンプルでストレートに真珠湾の物語を、あくまで観客のために作ろう。そのために改善する点は、まだ沢山ある。

このようにして、細部の検討に入り、両者の間で微に入り細を穿つやりとりが三時間続いた。

かくして、ダリル社長が全面的に手を入れた脚本「改訂版撮影決定稿（一九六八年五月二九日付）」が黒澤プロダクションに送られてきた。タイトル・ページには「この脚本は、一九六八年五月二七日、二八日の両日、ビバリーヒルズにおいて、ダリル・ザナックとアキラ・クロサワが協議した上、再編集した決定稿である」と印刷されていた。

この決定稿には、ダリルが削れないか、と言い、黒澤が駄目だ、といったシーンは全部残されていた。

第8章 ✺ 「トラ・トラ・トラ！」の米海軍関係者

真珠湾奇襲時の海軍幹部

歯に衣着せぬ人物評や、あけすけの発言から日本海軍内に山本五十六の敵は少なくなかったが、人間的迫力はキンメルの比ではない。また、日米開戦当時の海軍作戦部長スタークも中庸・温厚な人物であったものの戦略・戦術に関する鋭い見識、万難を排しての実行力といった点では山本に及ばなかった。

山本は日本海軍航空への先覚者であると共に、海軍航空の育ての親とも言える人物。米国留学や駐在武官としての滞在が長く、米国を良く知っていた。キンメルもスタークも日本留学か駐日米国大使館附海軍武官の経歴はなく、日本海軍に知悉していたとも言えないし、航空畑の人ではなかった。米海軍で日本留学の経歴があって日本語に堪能だったのは、太平洋艦隊でキンメルやその後任ニミッツの情報参謀だったレイトン参謀、真珠湾の対日電波課報部門（ハイポと俗称）の責任者だったロシュフォート中佐、それに海軍作戦部の情報部極東課長マカラム中佐などの対日情報関係者だけだ。日本海軍は将来を背負うエリートを米国に留学させたり、大使館付武官として派遣したが、米海軍が日本に留学させたり、大使館付海軍武官として派遣したのは主として情報関係者だけであった。

以下、映画「トラ・トラ・トラ！」理解のために、真珠湾奇襲時のキンメル太平洋艦隊長官とスターク海軍作戦部長について略伝を記述するが、その前に米海軍の大独裁者であったルーズベルト大統領について記述しておかねばなるまい。

米海軍を「マイ・ネービー」と豪語し、座右には常に米海軍士官名簿を置き、感想や噂などを書き込んでいて、海軍長官はもとより主要提督を直々指名任命したのはルーズベルトだったからだ。

また、ルーズベルトは真珠湾奇襲を受けた直後、常設合衆国艦隊を創設して、長官に大西洋艦隊長官だったアーネスト・J・キングを指名すると共に、太平洋艦隊長官キンメルを更迭して海軍省航海局長（後、人事局長と改名）ニミッツをキンメルの後任に充てた。従来、常設合衆国艦隊というのはなく、太平洋艦隊と大西洋艦隊が合同演習をする場合、太平洋艦隊長官が臨時的に合衆国艦隊長官として指揮していた。

常設合衆国艦隊長官に指名されたキングは、太平洋と大西洋の両洋を指揮するので、司令部は海軍省やホワイトハウスと連絡が緊密にとれるワシントンに置くことを願ってルーズベルトの認可を得た。また、キングは合衆国艦隊長官と海軍作戦部長との関係が不明瞭なことをルーズベルトに問題提起する。米海軍トップは合衆国艦隊長官なのか、海軍作戦部長なのか。陸海空三軍トップによる統合参謀長会議や英三軍トップとの連合参謀長会議のメンバーになるのはどちらなのか。海軍の大独裁者ルーズベルトはスタークに真珠湾の責任をとらせる意味も含めて更迭し、キングに両方を兼務させてこの問題の解決を図った。

キングは、水上艦勤務や参謀勤務の実績があり、潜水艦艦隊司令、空母艦長、海軍省航空局長、航空艦隊司令官の経歴があって、太平洋戦争で主役になる潜水艦作戦や航空艦隊作戦をよく理解し、強力にリードした。また、戦略思想家としても知られ、全海軍を指揮するには理想的人物とも言えた。ただ、人間関係処理が不得意で、血も涙もない冷血漢として下から見られ、英軍との連合参謀長会議では、瞬間湯沸器のように頭に血が上って英軍トップとぶつかることがしばしばだった。チャーチルはキングを嫌って「あのトラブルメーカーが」と怒る。ノックス海軍長官とも不仲になり、ノックスはキングを前線に放逐することすら考えた。ノックス病死後の海軍長官フォレスタルとは犬猿の仲だった。

チャーチルやノックス、フォレスタル海軍長官に嫌われたにも拘らずその地位を維持したのは、ルーズベルトがキングの戦略眼と実行力、類稀な頑健身体とエネルギーを買って信頼し、ルーズベルトの「虎の威」があったからだ。

ルーズベルトから太平洋艦隊長官に指名されたニミッツは、元々潜水艦乗りで、人の長所・短所、能力の識別観に優れ、温和中庸の名航海局長評があった。キングはニミッツに対しても独裁者として臨み、二、三か月毎に自らサンフランシスコに飛んでニミッツをハワイから呼び、高級人事や戦略・戦術に事細かく指示するのを例とした。ニミッツは敵の山本五十六の動向よりもキングの意向の方に気を使ったとすら言われた。狡いところのあったニミッツは部下への左遷的人事は「キングの意向」と匂わせて自分への反発を防ごうとしたとも言われる。太平洋戦争の米海軍作戦はキングの作曲をニミッツは演奏しただけと言うのは酷だが、そういった面もあった。従来、米海軍側の太平洋作戦については、ニミッツを主役とする見方が日本では多いものの、キングの影響力について再検討する必要があるのではなかろうか。

米海軍の独裁者ルーズベルト大統領

一九三三年（昭和八年）三月から、一九四五年（昭和二〇年）四月に死去するまで、米国史上に例のない大統領に連続四期当選したのが、フランクリン・ルーズベルト。米海軍を「マイ・ネービー」と豪語する海軍の大独裁者であったルーズベルトを除いて、米海軍は語れない。

フランクリン・ルーズベルトについて語るに先立ち、日露戦争時代の大統領セオドア・ルーズベルト等、この一族と米海軍の関係が深かったことを、まず指摘しておきたい。

ルーズベルト家の始祖は、オランダ・ハーレム地方から一六四九年（徳川家光の時代）に新大陸のハドソン川河口にあるニューアムステルダム（現在のニューヨーク市）に移住したクラエス・M・ローゼンベルト。クラエスはマンハッタン島に四八エーカーの土地を購入して農業を始めた。米国で生れた二代目ニコラスは、ローゼンベルト（バラの野の意味あり）の苗字をアングロサクソン風のルーズベルトと改名した。

ニコラスには二人の息子がいてルーズベルト家は二つに分れた。①ハドソン川上流に移り住んだハドソン川・ルーズベルト家と、②ニューヨーク市に残ったニューヨーク・ルーズベルト家である。①の始祖から数えて五代目がフランクリン・ルーズベルト、②の始祖から五代目がセオドア・ルーズベルトだ。①は代々民主党、②は代々共和党だった。両者の間を従兄弟《いとこ》と書く日本の本もあるが、間違い。英語では、男の血縁者を cousin と書くので、間違えたのだろう。日本語の従兄弟は英語では 1st cousin と言い、セオドアとフランクリンは 5th cousin であって遠縁だ。

もっとも、フランクリンの妻エレノアは、セオドアの弟の長女で、二人の結婚式媒酌人は当時現役大統領だったセオドアである。両ルーズベルト家はオランダ人の勤勉な気風を受継ぎ、また貨殖の才に恵まれた者も出て、資産家に発展した。

セオドアとフランクリンは、ハーバード大学、コロンビア法律学校、ニューヨーク州議員、ニューヨーク州知事、海軍次官、大統領と同じ経歴を歩んでいる。

セオドアはハーバード大学時代、『一八一二年戦争（第二次英米戦争）の海戦』の名著を書いたくらいで、海軍好き。猟官運動で海軍次官となり、大統領になると、米海軍増強に邁進し、世界五位か六位だった米海軍を英国に次ぐ、世界第二の海軍国に育てた。アナポリスの海軍兵学校の定員を一挙に二倍に増やしたのもセオドアであった。太平洋戦争で米海軍を指揮した、ニミッツ、ハルゼー、スプルーアンスといった人々は、定員が二倍になった直後にアナポリスに入学している。現役海軍士官にも拘わらず、政治色濃厚な論文を次々発表して、海軍上層部から睨まれていた海軍戦略家として知られるマハン大佐の保護者を以て任じ、マハン大佐の執筆を応援したのがセオドアだった。

フランクリンもグロートン高校時代、海軍力と国運の隆昌との関係を論じた、一八九〇年に出版されたばかりのマハン大佐著『海上権力史論』を読み、マハン信奉者となった。

同じルーズベルト一族で、経歴も酷似しているが、性格は対照的である。

セオドアは、男性的な熱血漢。単純明快で熱弁を振う。陽気でフランク。日本贔屓《ひいき》で、ワシントンの日独の大使ともよく会った。骨肉の情の人だった。アルコール中毒になって、ルーズベルトの家に迷惑をかけ通しだった弟（その長女がフランクリンの妻エレノア）の面倒を最後まで見た。若きニューヨーク州議員時代、母と最初の妻を流行病で一晩に亡くした。傷心を癒やすため、西部に赴き三〇日間も単独で山野を狩猟したり、牧場を経営したりした。牧場経営時代には保安官補になって、お尋ね者を追ったこともある。

大統領辞任後はアフリカでライオン狩りをやった。米国少年の夢は、カウボーイ、保安官、大統領、ライオン狩りだ。セオドア・ルーズベルトは少年達の夢を全部叶えたことになる。日露戦争和平斡旋でノーベル平和賞を受賞した。山本五十六は日露戦争の日本海海戦に出陣して負傷したことも付け加えたい。

フランクリンは、複雑な性格。漁色家でもあった。名門出身、有名大学卒、複雑な性格で、「貴人に情なし」のところがあった。自分の本音を語ることは少なく、仕える者はその内心を知るのに苦労した。複雑な性格で漁色家だった同時代の近衛文麿公爵と共通している点が多い。両者とも名門の出で、名門大学を卒業している。ただ近衛は、政治家として弱志薄行の人で、難事にぶつかると投げ出す、華冑界の人に在りがちの欠点を持っていた。残念ながら、政治家としてはルーズベルトと較べようがない。

一八八二年に生れたフランクリンは、一人っ子で、祖父母といっていいくらいの年齢の両親から溺愛され、多くの召使からかしずかれて少年時代を過ごした。父には先妻との間にフランクリンよりも一七歳年上の息子（フランクリンの異母兄）がいたが、家を離れていた。自宅のあるハイドパーク村では、村民の大部分がルーズベルト家の小作人で、村の子供達と遊ぶのは禁じられた。父親は鉄道会社の副社長。家族そろってニューヨーク市に出る際には特別列車を仕立てた。毎年、一家は春秋にハイドパーク村で過し、夏は贅沢な欧州旅行。冬はニューヨーク市内のマンションで暮らす生活であった。父がドイツ嫌いなこともあって、ドイツ嫌いとなった。

支那貿易で巨万の富を築いたデラノ家出身の母は、自身も少女時代に支那大陸で住んだこともあり支那贔屓で、母からの影響をルーズベルトも受けていた。大統領になってからも、ワシントン駐在日独大使に会うことは稀だった。白人と較べて日本人は進化の遅れた、能力の甚だしく劣った人種との激しい人種偏見を持っており、戦時中ハイドパークの自宅で英国公使に語ったルーズベルトの日本人への偏見内容は、公使から英外相に報告されている。

育ちによる影響からか、人から意見されたり、諫言されるのを何より嫌った。言わないでも、自分の考えを忖度《そんたく》して、これの実現を図るよう行動する者を好んだ。大統領になって後、海軍内で誰もが知るルーズベルト閥（ルーズベルト・サークル）が出来上り、この閥のメンバーでなければ海軍で栄達出来ない、と言われるようになった。閥の代表的人物は、戦時中に大統領の軍事参謀長だったリーヒ統合参謀長会議議長や、海軍作戦部長になるスターク、四六人もの先任者を飛ばして太平洋艦隊長官にルーズベルトから直々に指名されたキンメルである。いずれも、ルーズベルトが次官時代の海軍長官補佐官（リーヒ）や、次官を駆逐艦に乗せて、操舵を委ねて気に入られた艦長（スターク）や、副官だった者（キンメル）だ。

ルーズベルトは一九一三年から一九二〇年までの八年間（三一歳から三九歳まで）、ウイルソン内閣の海軍次官だった。この間、第一次大戦があった。海軍長官のジョセフス・ダニエルズは、細かい事務処理を嫌って、次官に委ねる態度を取った。長官が出張などで不在時には海軍長官心得として、海軍省内を取り仕切った。第一次大戦期間も含めて、この八年間の海軍ナンバー2としての経験が、ルーズベルトをして米海軍関係には誰よりも通じている、との自信を持たせた。一九三三年に大統領になって以降、米国政治史上、例外的な大統領四選を果たす。大統領になってからも、「海軍士官定年名簿」を常時座右に置いて感想や噂を書き込んでおり、海軍を「我々」と言い、陸軍を「彼等」と呼んだ。米海軍を「マイ・ネービー」と豪語し、海軍主要人事は自分が知っている者で固めた。ルーズベルト閥（ルーズベルト・サークル）である。

ルーズベルトのお気に入り、キンメル太平洋艦隊長官

ハズバンド・E・キンメルは大尉時代、ルーズベルト次官の副官を務め、気に入られ、ルー

ズベルト閥の一員となった。一九四〇年五月、米海軍は海軍大演習を太平洋で行った。もちろん、対日戦を睨んでのこと。太平洋艦隊は南カルフォルニアのサンジエゴを母港としていたが、この演習後、ルーズベルトは艦隊を真珠湾にそのまま留めて、ここに常駐するよう命じた。真珠湾は、艦隊の修理施設・補給施設が貧弱で、しかも日本軍からの攻撃が米西海岸のサンジエゴと較べて受けやすい。ジョン・Ｏ・リチャードソン太平洋艦隊長官はワシントン出張時、ルーズベルトに疑問を直言した。海軍戦略家として知られるマハン大佐の信奉者だったルーズベルトは、外交の手段として海軍を使用する考えが強い。それは、日露戦争時に大統領だった遠縁のセオドア・ルーズベルトと同じだった。緊張関係が強まる日米関係に対して日本を牽制するため、太平洋艦隊をハワイに進出させたのは明らかである。

リチャードソンの直言に怒ったルーズベルトは、直ちにリチャードソンを更迭。更迭されて憤懣やるかたない硬骨漢のリチャードソンにノックス海軍長官は言った。「リチャードソン。君が去年の一〇月、ワシントンに来た時、君は君の言葉で大統領の感情を損ねたのだよ。このことをよく知るべきだ」。

日露戦争後、日本人移民問題で日米関係が緊張した時、遠縁のセオドア・ルーズベルト大統領は、米主力艦一六隻を全部集めた白色艦隊（The Great White Fleet）を編成し、親善航海の名目で日本に派遣した。日本への恫喝、示威運動であることは、伊藤博文をはじめとする日本指導者には見え見えであった。フランクリン・ルーズベルトも同じことを狙ったのだ。

富豪の実質的一人息子として溺愛され、多くの召仕えに仕えられて育ったルーズベルトの経歴で、人に仕えたのは、海軍次官時代にダニエルズ長官に仕えただけである。それ以外はニューヨーク州議員、ニューヨーク州知事、大統領で、人に仕える立場ではない。そのせいか、諫言する者はもちろん、直言する者も嫌った。言わなくとも、自分の考えを忖度して、自分の考えを実現してくれる者を好んだ。ルーズベルト閥の連中は皆そうだった。真珠湾が攻撃された時、海軍制服組のトップだったスタークも同じだ。ルーズベルト次官を次官の別荘のある島まで送るよう命じられた時、駆逐艦艦長だったスターク少佐は、巧みな駆逐艦の運航を行い、次官を喜ばせた。後述するように、一説では操舵を次官にやらせて気に入られたとも言う。この時以降、ルーズベルトはスタークを目にかけるようになった。

海軍作戦部長にルーズベルト大統領から任命されて驚いたのは海軍部内者だけでなく、スターク自身だった。スタークは、よもや自分が海軍作戦部長になるとは、考えたことがなかった。ルーズベルトの鶴の一声であった。

リチャードソン更迭後、その後任にルーズベルトは、旧知のキンメルを先任者四六人を飛び越えて直々指名した。山本は、キンメルが任命された経緯を知らなかったのであろう。先任者を四六人も飛び越えての任命は、キンメルがよほどの有能な提督だと考えていた節がある。

大尉時代、かつてのルーズベルト海軍次官に副官として仕えたというコネが、キンメルの運命を変え、結果として悲劇の主人公たらしめた。

日本海軍では人事は海軍大臣の専権事項だが、米国では三軍最高指揮官の大統領が思うままに高級人事を独裁する。

キンメルはケンタッキー州のヘンダーソンで一八八二年に生れた。父はウエストポインター（陸軍士官学校出身者）の陸軍少佐だった。アナポリス（海軍兵学校）は一九〇四年クラスで同期にハルゼーがいた。卒業席次は六二人中一三位。同じ一九〇四年には、山本五十六が江田島（海軍兵学校）を卒業している。アナポリスでは一期下にニミッツがいた。戦艦勤務が経歴の最初で上述の白色艦隊の日本遠洋航海にも加わった。海軍省の砲術演習課、太平洋艦隊の砲術参謀を経てフランクリン・ルーズベルト海軍次官の副官を二年間務めた。これが機縁でルーズベルト閥の一員になったことがキンメルの運命を決めることになった。

第一次大戦に米国が参戦すると英国に派遣される。その後、戦艦艦長や戦艦艦隊参謀長となり、一九三七年海軍少将に昇進して巡洋艦艦隊司令官となり、リチャードソン太平洋艦隊長官がルーズベルトの逆鱗に触れ更迭された際、四六人の先任者を飛ばして、一九四一年二月一日、太平洋艦隊長官になった。中将の経歴なくて少将から大将への進級であった。

戦艦乗りで、航空や潜水艦の経歴はなく、戦略家としての見識を示したこともないのがキンメルだ。敢えて言えば、平凡な経歴を歩んできた提督である。戦略観、見識、人望、で太平洋艦隊司令官に任命されたのではない。もちろん、全くの凡庸な人物ではなかったであろうが、ルーズベルトとのコネで任命されたのだ。

前述のリチャードソンが航海局長（人事担当）時代、次期太平洋艦隊司令官として、各艦隊の司令官が一致して推していたのは、戦略観や見識、人望で断然抜きん出ていたトーマス・C・ハート提督（日米開戦時のアジア艦隊司令官）だった。リチャードソン航海局長は、海軍内の意向集積である人事案を持ってホワイトハウスに出向いた。人事案を一瞥するや、ルーズベルトは、怒気を含んで「この名前を消せ！」と命じた。これは、リチャードソンの回顧録にある。ハートが少佐で魚雷工場長時代、労働組合員票が欲しい当時のルーズベルト海軍次官は、労働組合に甘い対応を取った。工場長としての責任があるハートは、次官のやり方に疑問を持った。これを聞いた猜疑心の強いルーズベルトは、その後も執念深く忘れず、リチャードソンの人事案を見た時に爆発したのだ。ハートは日記に「ルーズベルトは（大統領として）私の上官だが、人間として信頼出来ない。（ルーズベルト・サークルによる海軍人事専横は、寵臣をたがいに競い合わせて）まるで宮廷政治（Palace Politics）だ」と書いた。

ハート以外にもルーズベルトの機嫌を損じて栄達の道から外れた提督は何人もいた。海軍の大独裁者で強引な人事をやったから、海軍内で毀誉褒貶《きよほうへん》が相半ばしたのは当然とも言えよう。真珠湾奇襲十日後キンメルは、その責任を問われ更迭された。後任には臨時的にW・S・パイ中将が任命され、一九四一年一二月三一日に海軍省航海局長（海軍人事職掌）だったチェスター・W・ニミッツがルーズベルト大統領の命で太平洋艦隊長官となった。

ルーズベルトのイエスマン、スターク海軍作戦部長

ハロルド・R・スタークは一八八〇年、ペンシルバニア州のウイルクスバールで生れ、五人きょうだいの末っ子として育った。スターク一八歳時の一八九八年にスペインとの間で米西戦

争があった。この戦争は米国中を沸き立たせたこともあって海軍を志望し、一八九九年にアナポリスに入校。

一九〇三年のアナポリス卒。卒業席次は五〇人中の三〇位と中以下だった。この年に江田島（海軍兵学校）を卒業した者に、日独伊三国同盟に海相として賛成した及川古志郎がいる。

卒業後は、駆逐艦乗りとして海の男に育っていった。当時の米海軍の若手士官の多くは、米西戦争の結果、米国領となった比島マニラを根拠地とするアジア艦隊に派遣される。太平洋戦争中海軍トップだったキングやニミッツがそうであったようにスタークもアジア艦隊に派遣された。第一次大戦時には欧州派遣米艦隊司令官シムズ中将の幕僚となり、パトロール、船団護衛、米英海軍共同作戦の調整等に当った。

一九二三年に海軍大学校に入校。ここで、対日戦争計画であるオレンジ・プランの研究を進めるとともに、第一次大戦のユトランド海戦の英独艦隊戦術を掘り下げる図上演習に参加した。アナポリスを卒業後、海上勤務を続け、一九〇九年から一九三四年まで、七隻の駆逐艦、巡洋艦艦長の経歴を重ね、海の男の評価を得た。一九二六年から二七年まで海軍省兵備局長ブロック少将の下で兵備監察官。ブロックは後に太平洋艦隊長官になる。

一九三〇年に大佐に進級し、チャールス・アダムス海軍長官の補佐官になり、一九三三年に戦艦ウエストバージニア艦長。一九三四年から一九三七年まで兵備局長。海軍省の右翼局は航海局（人事や海軍政策を担当）と兵備局で、後者はガンクラブと俗称され、結束の高さを誇った。一九三七年から三九年八月一日に海軍作戦部長になるまでは、第三巡洋艦艦隊司令官。

スタークは、部下に仕事を委ねて、存分に腕を振わせるタイプで、中庸、親切、想いやり、ハードワーカーの評とともに、如才なさ、良好関係維持に巧み、政治的センスの才能により、議会やホワイトハウスの評判が良かった。これは長所なのだが、中庸で激する所のなさは、必要な時点で大統領に勇敢に反対するようなことは出来ない短所ともなった。

スタークより一期下のニミッツは潜水艦畑で育ち、後、航海局長として評判を得、ルーズベルト閥には属さなかったが、スタークと同様に如才なさで知られた。

この点、スタークより一期上のキング（太平洋戦争中、合衆国艦隊司令官兼海軍作戦部長）は、対照的な荒削りで、初級士官時代から上役と衝突続きの、人間関係対処に不得意な士官だった。きな臭くなっている欧州情勢を鑑み、一九三九年二月の第二〇回海軍大演習はルーズベルト大統領の指示で大西洋とカリブ海で行われた。ルーズベルトは重巡「ヒューストン」に坐乗して観閲した。リーヒ海軍作戦部長は艦内で毎日大統領と顔を合わせる機会を利用して、自分の後任にハロルド・R・スタークを推挙した。ちなみに、リーヒ海軍作戦部長は、ルーズベルト次官時代、海軍長官補佐官（人事担当）で、若い次官に逐一報告・相談する態度をとって気に入られ、ルーズベルト閥の筆頭となり、太平洋戦争中は統合参謀長会議議長兼大統領軍事参謀長となった。

ルーズベルトは、どんなに有能と評のある者でも自分が知っている者でなければ冷淡で重要ポストに就けなかった。

ルーズベルト閥の最長老として、大統領の性格を知悉し尽すリーヒは、海軍内で力量の評価が高いハートやリチャードソンやキングではなく、ルーズベルトがよく知っているスタークを自分の後任に推挙した。

　大演習終了後、ルーズベルトがワシントンに帰ってすぐに、次期海軍作戦部長はスタークと発表された。ルーズベルトの直々の決定である。そのポストを求めていたことも、期待もしていなかったスターク自身が発表には驚いた。

　スタークより先任の提督が数多くいたし、戦闘艦隊や航空艦隊といった主要艦隊の経歴もない。階級も少将に過ぎぬ。スタークのアナポリス卒業席次（一九〇三年卒）は、五〇人中の三〇位で、後から数えた方が早い成績だ。中庸、控え目な性格で、航空関係、潜水艦関係の経歴はないが、海軍省でガンクラブと俗称された兵備局長の経験がある。卒業成績（リーヒは四七人中三五位）といい、性格といい、キャリアといい、ルーズベルトから気に入られたことといい、リーヒと共通点が多かった。海軍作戦部長にスタークを指名した時点で、ルーズベルトは戦闘艦隊（戦艦と空母による艦隊。後の太平洋艦隊）にリチャードソンを指名する。

　スターク海軍作戦部長時代の太平洋艦隊長官は、前述のジョン・O・リチャードソン大将で、スタークよりアナポリス一期上。卒業成績が良く（五九人中五位）、思ったことはずけずけ言う。リーヒやスタークがルーズベルト・サークルの一員で、ルーズベルトの意を忖度して行動するのに対して、リチャードソンはそういうことが出来なかった。このため、海軍の大独裁者ルーズベルトに直言して怒りを買い、直ちに更迭されたことは前述した。

ルーズベルトが海軍次官時代の一九一四年以来、スタークはルーズベルトの知遇を受けており、愛想の良い外面の裏にルーズベルト側近サークル・メンバーとしての抜け目ない処世術を持っていた。ピンク色の頬とふさふさの白髪で、年をとった少年のように見えるスタークは海軍作戦部長として優れた行政手腕と説得力により、議会の理解と支援を得るのに力があった。増大する海軍予算については議会の理解が不可欠なのだ。しかし、戦争を指揮するに必要な断固とした厳しさには欠けている、と見る人もいた。スチムソン陸軍長官は、「あの職務にある者としては、気が小さくて役に立たない」と酷評していた。

スタークとルーズベルトの最初の出会いは、一九一四年の夏。当時、駆逐艦「パターソン」艦長だったスターク少佐は、次官に就任したばかりのルーズベルト次官を次官の夏別荘まで送ることを命じられた。次官は艦長より一歳年下。少年時代より、夏別荘近くの海域でヨットに乗ることが多く、この辺の海を良く知っている海軍次官就任早々のルーズベルトは艦の指揮を委ねて欲しいとスターク艦長に頼んだ。

「ノー・サー。この艦の指揮命令権は私にあります。指揮命令権を私から取上げる権限を次官がお持ちかどうか、私には疑問です」とスターク艦長は応え、直ちに二八ノットの高速にし、艦を安全な碇地に進めた。巧みな操艦にルーズベルト次官は舌を巻いた。これがスタークがルーズベルトに知られるきっかけとなったと言われる。一説には、スターク艦長が若い次官の気を惹くために操艦を次官に委ね、これがルーズベルトに気に入られる発端となった、とも言う。ルーズベルトの性格からして、後者が正しいのではないだろうか。

海軍作戦部長指名を聞いて、スタークは大統領に次のような書簡を送った。

「駆逐艦パターソン時代のことを思い出した。再び、二人で航海出来るのが嬉しい。今度は、貴下が艦の指揮を執る」。サインには、自分の愛称であるベティと書いた。すぐに、大統領から返信があった。「戦争になれば、貴官はデスク・アドミラルだ。私と同じ艦に乗るのは一寸難しい。君はデスクから離れるのは難しいからだ」

スタークの愛称が何故女性名のベティなのか。大体、愛称はアナポリスの海軍兵学校時代に級友からつけられ、生涯に亘って使用されることが少なくない。

スタークは一八九九年に海軍兵学校に入学し、一九〇三年に卒業した。太平洋戦争中、米海軍のトップだったキングや上述のリチャードソンは一期上。キンメル、ハルゼーは一期下、ニミッツは二期下である。日本海軍提督の海軍兵学校卒業年次と比べると、及川古志郎と同期、山本五十六は一期下だ。

海軍兵学校入学直後の歴史の時間で、独立戦争の話があった。スタークの遠縁にあたるニューハンプシャーの将軍ジョン・スタークは、ベニングトンの戦い（一七七五年）の前に「我々が（英軍に対して）勝利を収めるか、（自分の妻）ベティー・スタークが今夜未亡人になるかだ」と叫んだ。この話から、スタークの愛称がベティーになった。

一九三九年八月一日、海軍作戦部長（Chief of Naval Operations; CNO）に就任。一か月後の九月一日、独軍がポーランドに侵攻して、第二次大戦が始まった。九月五日、ルーズベルト大統領は米国の中立を宣言。

戦場は大西洋だが、英海軍に比べ独海軍は劣弱で、スタークは険悪な関係になっていた日本と対峙する太平洋方面が気がかりだった。アジア艦隊のハート司令官に「欧州のトラブルよりも、アジアのトラブルの方が格段に重要だ」と伝える。太平洋艦隊長官ブロック大将は後任となったリチャードソンに「太平洋方面では、どんな事態が生じるか分らない」と、引き継ぎ時点で語った。

「艦隊と海軍省は、青天の霹靂のような非常事態に備え、早急に準備をそなえねばならぬ」とスタークはリチャードソンに伝える。

ルーズベルトもノックス海軍長官も、対日戦争、対独戦争は避けられない、と思っている。スタークは、大西洋と太平洋の両洋で独日と同時に戦うようになった場合には、ドイツを第一の敵として戦い、ドイツが敗れれば日本は米国の敵ではない、とのドイツ第一主義（いわゆるドッグプラン）を策定したことを付け加えておきたい。

一九三九年八月一日から真珠湾が奇襲を受けた直後まで、スタークは海軍作戦部長として海軍長官の首席補佐武官の地位にあった。

《視点⑧》日米海軍主要指揮官達のアナポリス・江田島卒業年次と卒業席次比較

卒業年	氏名	卒業年（期）	氏名
一八九〇年	W・A・モフェット（三一／三四）	一七期	秋山真之（一／八八）
一八九七年	T・C・ハート（一三／四七）	二五期	松岡静雄（一／三二）

一八九九年　W・D・リーヒ（三五／四七）
　　　　　　C・C・ブロック（一四／五三）
一九〇〇年　F・J・ホーン（四一／五三）
　　　　　　田村丕顕（日本人　六一／六一）
一九〇一年　E・J・キング（四／六七）
　　　　　　A・アンドリュース（一八／六七）
　　　　　　W・S・パイ（三二／六七）
一九〇二年　J・O・リチャードソン（五／五九）
　　　　　　W・ブラウン（四四／五九）
一九〇三年　H・S・スターク（三〇／五〇）
一九〇四年　H・E・キンメル（一三／六二）
　　　　　　W・F・ハルゼー（四三／六二）
一九〇五年　R・E・インガソル（四／一一四）
　　　　　　C・W・ニミッツ（七／一一四）
一九〇六年　F・J・フレッチャー（二六／一一六）
　　　　　　J・H・タワーズ（三一／一一六）
　　　　　　J・S・マケイン（八〇／一一六）
一九〇七年　L・A・スプルーアンス（二一／二〇九）
一九〇八年　R・K・ターナー（五／二〇一）
　　　　　　T・C・キンケイド（一三六／二〇一）

　　　　山梨勝之進（二／三二）
二七期　末次信正（五〇／一一三）
二八期　永野修身（二／一〇五）
二九期　高橋三吉（五／一二五）
　　　　藤田尚徳（一五／一二五）
　　　　米内光政（六八／一二五）
三一期　及川古志郎（七六／一八七）
三二期　山本五十六（一一／一九一）
　　　　嶋田繁太郎（二七／一九一）
三三期　豊田貞次郎（一／一六九）
　　　　豊田副武（二六／一六九）
三四期　古賀峯一（一四／一七五）
三五期　近藤信竹（一／一七一）
三六期　佐藤市郎（一／一九二）
　　　　澤本頼雄（二／一九二）

一九〇九年

一九一〇年　F・C・シャーマン（二四／一三一）

C・A・パウノール（八一／一三一）

M・A・ミッチャー（一〇八／一三一）

一九一一年

一九一二年　C・H・マクモリス

C・A・ロックウード

一九一三年

一九一六年　A・W・ラドフォード（五九／一七七）

一九一七年　D・B・ダンカン（二四／一八二）

三七期　井上成美（二／一七九）

草鹿任一（二一／一七九）

小沢治三郎（四五／一七九）

三八期　三川軍一（三／一四九）

栗田健男（二八／一四九）

三九期　伊藤整一（一五／一四八）

四〇期　山口多門（二／一四四）

宇垣　纏（九／一四四）

大西瀧治郎（二〇／一四四）

四一期　草鹿龍之介（一四／一一八）

四四期　黒島亀人（三四／九五）

四五期　富岡定俊（二〇／八九）

第9章 ✺ トラブル続きの「トラ・トラ・トラ！」撮影

黒澤は素人俳優を起用した

一九六八年七月上旬、「トラ・トラ・トラ！」の制作再開が決まって俳優の募集が始まった。山本五十六役が鍵となる。年齢四二、三歳から五〇歳くらいの年配者で身長一五六センチから一六八センチ以下、山本五十六元帥に似た人の募集である。出演が決まれば、本人のギャラの他、推薦者には一〇〇万円の謝礼金を出すとの公募であった。二五〇件の応募があった。最終的に数人に絞られ、面接も終えたが、黒澤が満足する該当者はいなかった。

一九六八年秋、山本五十六役が決まった。高千穂交易社長の鍵谷武雄（一九一二年生れ、当時五六歳）である。黒澤の下にいたＢ班監督（演技指導場面のないシーンの撮影担当）佐藤純彌の学生時代の友人が高千穂交易に勤務しており、これが縁となって、黒澤はこの人物写真を見て「似ていることにはこだわらない。立っているだけで山本五十六の雰囲気を感じさせる」と決断した。海軍兵学校卒業者ではなく、苦労して会社を興した立志伝中の人だ。

主役以外のキャスティングも始まった。チーフ助監督の大沢豊は、東京築地に在る旧海軍関係者の親睦団体財団法人「水交社」に日参して、少しずつ情報を集め、海軍兵学校七四期（海軍兵学校を昭和二〇年に卒業した最後の卒業生）を核とする複数の幹事役を探り当て、人集めの協力を頼んだ。

八月、海軍兵学校出身者を中心とする旧海軍関係者およそ六〇名の応募者が、赤坂の支那料理の立食形式の宴席に呼ばれた。この時、撮影した写真と略歴を黒澤はすべてに目を通した。宴席に出席したレトラ汽船副社長の松本荘吉（海兵七四期、当時四三歳）は翌日、山本の戦務参謀だった渡辺安次中佐役として出演を依頼された。山本聯合艦隊長官に緊密に日々接していたのは、先任参謀黒島亀人大佐と戦務参謀渡辺安次中佐である。黒島の奇人ぶりはよく知られていて、容貌からガンジーといわれ、先任参謀でなく仙人参謀とか変人参謀とかいわれた。

一九六八年一一月二六日、午後二時。東京虎ノ門にあるホテル・オークラ一階の「玉庭の間」には、山本五十六聯合艦隊司令長官以下の海軍将星三七名がずらり、と並んだ。「トラ・トラ・トラ！」の撮影を一週間後に控え、一〇〇名を超えるマスコミ関係者への顔見せであった。山本五十六に扮する高千穂交易社長の鍵谷武雄をはじめ、メンバーは海軍兵学校七四期を中心とする、社会的に相応の地位のある素人の人達だ。いずれも、黒の第一種軍装、制帽、短剣、白手袋で、参謀役には金色燦然たる参謀飾緒を右肩に付けている。

専門の俳優は第三戦隊司令官三川軍一中将役の藤田進、源田實航空参謀役の山崎努の二人だけ（南雲忠一役の東野英治郎は欠席）。ちなみに、聯合艦隊参謀長宇垣纏役は前防衛庁事務次官だった三輪良雄が扮した。この場には、当時参議院議員だった源田實本人も顔を見せ、源田役の山崎努と会い、周辺に人だかりが出来た。

二〇世紀フォックスのダリル・ザナック社長は「史上最大の作戦」を発表した時、米国在郷軍人会から贈られた軍服姿で、映画界貢献者に与えられる五個の勲章を胸にして顔見せに参加し、プロデューサーのエルモ・ウイリアムズも同席した。

顔見せが無事終了し、参加者全員が別室の立食パーティーに移動。緊張が解けた軍服姿の出演者たちは、晴々とした顔色となって、大いに飲み、大いに食べて談笑した。

その様子を少し離れた壁際で見ていた黒澤の表情が厳しくなり、日本側宣伝担当伊東弘祐を呼び寄せた。「自分達の役割や階級を忘れて、あんなに馴れ馴れしく、だらしない所を見せるわけにはゆかない。写真撮影を直ぐ止めさせ、スナップ写真を撮った人達のカメラからフィルムを抜け」と強く指示した。そんなことは出来るわけがない。伊東は言う。

この夜から黒澤は何か異様であった。黒澤の信じられない態度を見て、もうこの仕事は続けられない、と思った。パーティーの終了後、青柳に辞意を伝えたものの、青柳から我慢して欲しいと説得され、宣伝担当の職に留まった。伊東は映画担当新聞記者だったが、当時映画の通信記者であった友人から、「黒澤が今度撮る日米合作『トラ・トラ・トラ！』の日本側宣伝担当者を探しているからやって見ないか」と言われ、この友人と友人の上司と共に東京プリンスホテルで青柳哲郎と会い、青柳から懇請を受けて、この仕事を引き受けたという経緯があった

（『黒澤明「乱」の世界』）。

顔見せが終ると、プロデューサーのエルモは一一月二九日、副社長で制作本部長のリチャード・ザナック（ダリル社長の息子）に、「『トラ・トラ・トラ！』の日本側の準備は完了し、一二月二日にクランクインを待つばかり」とテレックスを打つ。

東映京都撮影所ではトラブルの連続

一九六八年一一月三〇日、京都三条御池の、かつての長州屋敷跡に立つ京都ホテル（桂小五郎の像がある）でダリル・F・ザナック社長と黒澤は最終的詰めを四時間にわたって行った。エルモ・ウイリアムズ・プロデューサーと青柳哲郎も同席した。一二月二日に予定されている黒澤のクランクインの現場に立ち会うため、京都にやって来たのだ。二〇世紀フォックスの社長が撮影初日に撮影現場に足を運ぶことは、全くの異例だった。

京都市右京区太秦《うずまさ》西峰岡町にある東映京都撮影所は敷地面積二万二〇〇〇坪の日本最大の映画スタジオである。

黒澤が気心の知れた黒澤組の者として連れて来たのは、キャメラの斉藤孝雄、美術の村木与四郎、録音の渡会伸のみ。後になって、松江陽一が加わった。九〇人にも上る大チームのスタッフのほとんどが黒澤に初めて接する人ばかりだった。東宝の東京砧《きぬた》撮影所では黒澤組の言うことは許され、守られ、特別視された。他社撮影所ではそんなことは許されない。以下、撮影所での出来事を時系列的に記述する。

一九六八年一二月二日。撮影が開始され、この日から一二月八日まで、ダリル社長とエルモ・プロデューサーは黒澤の撮影現場を見学した。

「トラ・トラ・トラ！」の制作に当って黒澤は、慣れ親しんだ東宝の撮影所を使わず、京都の東映撮影所を使用した。使用料が安かったからだとも言われるが、東宝の子飼いのスタッフを使わなかったこと、東映京都太秦撮影所で撮影を始めたことが、うまくゆかない原因となった。

黒澤は東宝の前身ＰＣＬに入所し、戦後の東宝争議の際には「静かなる決闘」（一九四九年）、「羅生門」（一九五〇年）を大映で、「野良犬」（一九四九年）を新東宝で、「醜聞」（一九五〇年）、「白痴」（一九五一年）を松竹で撮った例外はあるが、専ら、東宝の撮影所で撮影してきた。完全主義の黒澤を満足させるためには、監督の性格や好みを知悉するスタッフ（黒澤組）が周辺を固めないと黒澤の満足する撮影は出来ない。

黒澤が東映太秦撮影所に連れていったスタッフは、前述したように、カメラの斉藤秀雄、美術の村木与四郎、録音の渡会伸、それと監督補の松江陽一の四人だけだった。カメラの斉藤秀雄、美術の村木与四郎は黒澤の信頼する者で、黒澤と一緒に仕事をしてきた者だ。

この時、監督の手足となる、気心を良く知った経験豊かなチーフ助監督、例えば「悪い奴ほどよく眠る」（一九六〇年）、「用心棒」（一九六一年）、「椿三十郎」（一九六二年）、「天国と地獄」（一九六三年）、「赤ひげ」（一九六五年）のチーフ助監督として黒澤を支えた森谷司郎を連れていかなかったことも、致命傷になったのではないか。チーフ助監督は監督の分身のようなもので、あらゆる雑用を引き受け、監督が制作に集中出来るようにお膳立てするのが仕事だ。チーフ助監督は、軍艦内の職位で言えば、副長。英語で副長をエクゼクティブ・オフィサーと言うが、文字通り艦内業務の引受屋だ。監督が、個々のスタッフを怒鳴って叱れば、その者は萎縮したり、反感を抱く。だから黒澤は助監督を叱って、スタッフを間接的に注意してきた。黒澤が怒鳴るのに黒澤組のスタッフは慣れっこになっているが、初めての俳優はひきつけを起こしてしまう、と野上照代は言い、「影武者」に出演した根津甚八も、黒澤が怒り出すといい大人が縮み上るほどの迫力があると回顧する。

「七人の侍」で黒澤の助監督だった堀川弘通（後、監督）は言う。

「映画監督は総合芸術家と言われるが、黒さんの場合は、監督は独裁者であり、総司令官であって、優秀な部下を集めることも最重要課題だが、これはあくまでも監督の指揮下にある熟練したパートの技術集団であるに過ぎない。黒さんの場合、監督とは偉大な創造者である。クロサワ映画は、『一将の功成って、万骨枯る』と言うにふさわしいと思う」（『評伝　黒澤明』）

素人俳優を使用したのも、黒澤の精神上の大きな負担になった。黒澤が専門俳優でなく、社会的経験を積んだ重厚な人物を使用する、という考えは相応の意味がある。この考えの一端は前述したように、既に黒澤の第二作「一番美しく」でも現れている。黒澤降板後に別の監督による専門俳優を使用して完成の「トラ・トラ・トラ！」を見ると、やはり、専門俳優では軽くて、存在感に乏しい。山本五十六役の山村聡は、迫力と重量感に乏しい。これも、前述したが黒澤の甥である島敏光は「親父さん（黒澤）が監督すれば、もっと面白くなるのにと思い続けていた。それにしても、山村聡の山本五十六はないんじゃないの」と言う。確かに山村聡演ずる山本五十六はあまりにも堂々としていて冷静沈着、真面目。日米戦争勃発に苦悩したり大胆極まりない作戦を発想する人物には見えない。黒澤がイメージする山本とはかけ離れていたとしか思えない。高千穂交易の鍵谷社長なら専門俳優にない独特の雰囲気、重量感が出せたのではないか。他のキャストも同様である。ただ、当然ながら、素人に演技をさせることは難しい。

演出者による長時間にわたる指導には、根気が不可欠だ。関西弁の鍵谷社長が山本の越後長岡弁をマスターするのも大変だった。山本役が喋るのが関西アクセントだったら、話にならない。黒澤は苛立つし、山本役の鍵谷社長も疲れ切る。顧問の一人薗川亀郎（海兵五二期。源田や淵田と同期でマレー沖海戦時の攻撃隊長）という、山本五十六を知っている人の前で「山本らしくやれ」と言われ、近衛文麿役のベテラン役者千田是也とたった二人だけの芝居で、長い台詞を喋らねばならない。出来ないのが当り前だ。

飄逸な演技の脇役で知られる柄本明は言う。「自然にしゃべれと言うけれど、台本の台詞は人の書いた言葉。それを話すのは、そもそも自然ではない。だから、舞台に出て来た俳優はいわば、檻の中に入れられるようなものだ。人目にさらされ、何とかしようとする。下手な俳優ほど、ジタバタする」（二〇一四年七月九日、日本経済新聞夕刊―夕刊文化）。

後述するが、海兵（海軍兵学校）出の素人俳優の演技にいらいらした黒澤は「貴様。それでも海兵出か！」と怒鳴る。相手は社会的地位もある年配者である。こんなに怒鳴られて面白いはずがない。世界的に有名な黒澤監督の映画に出演出来る、といった気分があって出演している。専門の俳優なら、演技で失敗の烙印を押されれば俳優生命にピリオドが打たれるのと同じだ。

多くの黒澤作品音楽を担当した佐藤勝は、「どんなよい役者でも、黒澤さんから一度だめだと思われたら、その後どんな名演技を披露しても挽回出来ない。そんなことを嫌というほど見て来ている」と言う。

素人俳優は失敗しても、別に大きな打撃を受けることはない。真剣度が専門俳優に比べて薄いのは当然。素人画家は個展を開いても、気は楽だ。売れても売れなくとも深刻な話ではない。専門画家で、絵で飯を食っている者、ないし、絵で飯を食おうと思っている者とは真剣度が天と地ほどの差がある。それは、素人俳優と専門俳優との差と同じと言っていい。

素人俳優でも、専門俳優には出来ない存在感を出す可能性はある。素人絵描きの絵が専門画家にない清新・無邪気で、画品のあるものになる可能性もないわけではない。富岡鉄斎は、「自分は学者であって絵描きではない」と言って、街の絵師と比べられるのを嫌った。確かに、鉄斎の絵は、見る人によって素人の下手な絵とも見えるが、個性が充満していて、存在感は素晴らしい。ちなみに、黒澤は鉄斎の絵を好んで所有し、よく掛けて楽しんだ。「八〇歳を超えたら、富岡鉄斎ではないけれど、無心に遊ぶ境地で映画が撮れるようになりたい」と娘和子に言っていた。

素人俳優は、当然ながら演技から程遠い。太秦の撮影所には気心の知れた現場スタッフがほとんどいない。ハリウッド最後の帝王といわれたダリルが異例にも京都まで足を運び、撮影現場を見学する。二〇世紀フォックス側の期待を痛いほど感じ、この映画の脚本作りから並々ならぬ思い入れがあった黒澤は、いつになく緊張し、苛立った。

一二月二日。太秦東映撮影所で撮影が開始された。ワシントンの駐米日本大使館のセットでのリハーサル中、黒澤は壁紙にしわがある、これでは撮影出来ない、と言ってさっさと帰ってしまった。現場見学に来ていた山本五十六役の鍵谷武雄は、駐米大使館員役の俳優久米明に質問した。「黒澤さんは契約書をお読みになっているのでしょうかね。契約書に書いてある条項は非常にシビアなんです。こんなに日程を直ぐ変えてしまって大丈夫なんでしょうかね。これは、私ども経済人の感覚なんですが、どう思われますか」。

一二月三日。撮影開始。朝、米側宣伝担当のテッド・テイラーが日本側宣伝担当の伊東弘祐の部屋へ怒鳴り込んで来た。「ハリウッドで気難し屋で有名なロバート・ワイズでも宣伝には協力的だ。しかるに、クランクインのため全世界からジャーナリストを招待して『世界のクロサワ』の撮影風景を紹介するつもりだったのに黒澤は報道陣をシャットアウトする」と怒る。黒澤はかつて土屋嘉男に言ったように「映画は出来たものを観せるんだ。撮影中なんか人に観せるもんじゃやない」という考えを貫いてきた。何事も興行には宣伝を先行させる米国式でやって来たテッド・テイラーにこれを理解させるのに伊東は苦労した。

一二月四日。黒澤は朝まで眠らず、ウイスキーと睡眠薬を服用して撮影現場に遅れてきた。とても、撮影出来る状態ではなかった。黒澤は酒豪だった。娘和子によれば、俳優三船敏郎と飲むと、二人でホワイト・ホース のボトル三本は悠々だった。家ではホワイト・ホースを何ダースも注文する。酒屋は、バーでもあるまいし、とスコッチ・ウイスキーを何ダースも注文されると、ビールの間違いだろうと、ビールを配達してきたり、ウイスキーのミニチュアを持ってきたりした。八〇歳を過ぎても、興に乗ればボトル八分目は飲んだし、最晩年でも、毎日水割り三杯は飲んでいたものの、京都での撮影中、睡眠薬と一緒にウイスキーを飲むのは尋常でなかった。

一二月六日。リハーサル中、山本の第二種軍装（夏用白服）が気になって、勲章をはずすと、縫い跡が空になって空いているのが気に入らない。服の交換を命じたところ、スペアが一着しかない。そのスペアの第二種軍装も勲章の縫い穴が空いていた。「撮影に衣装は同じ物を三着作っておくのが当たり前だ！」と激怒。「替えろ！　新しい軍服を今から作れ！」と怒り狂い、怒鳴りまくった。「癲癇気質」特有の凄まじいまでの、入念さ、徹底性、完全性であり、その粘着力であった。

一二月九日。撮影途中でカチンコの叩き方が悪いと、激怒した黒澤が手にした脚本を丸めて、カチンコ担当を叩き「クビだ！」と叫ぶ。

入院中の（「七人の侍」で久蔵役をやった宮口精二演ずる）吉田善吾海相宛の手紙を撮影中の黒澤が手に取って中味をチェックすると、宛名はちゃんと書いてあったが、そのうちの一通は、（中味は見えないからと、東映の任侠映画に使ったのを転用したのだろう）やくざの「果し状」（一説には「三行半（みくだり半）。離縁状」）が入っていた。激昂した黒澤は、助監督全員を横一列に並べて、「足を開け！　歯を食いしばれ！　大沢（チーフ助監督）殴れ」と命じた。

『文藝春秋』二〇〇一年一月号に白井佳夫と大沢豊の次のような対談が載っている。海相の病院シーンで、手紙の中から時代劇の撮影に使った離縁状が出てきた。助監督七、八人を並ばせ、「大沢！　殴れ」と黒澤さんが言った。ベテランの助監督なら、その場を収めるためだから、我慢してくれと、部下の助監督に目で知らせて殴ったと思う。

しかし、三〇歳前半で若かった自分には出来ず、「殴れません。監督。僕が悪いんですから、僕を殴って下さい」と言った。黒澤さんは何も言わず、スタッフルームに入ったまま出て来ない。黒澤組のベテランが「黒澤さんは泣いている」と言う。スタッフルームに行ってみると、黒澤さんが片隅にうづくまっている。手をついて「すみません」と謝ったら、「俺は随分映画をやってきたが、助監督に反抗されたのは初めてだ。もうお前はいなくてもいい」と通告された。大沢チーフ助監督は以後、撮影現場出入り禁止となった。チーフ助監督がいなければ撮影がスムーズにいくはずがない。

この日の撮影には別の事件もあった。セットの海軍病院のカーテンに、買ってきたばかりのものを使っていたから、折しわがあるのに気付いた黒澤は、「これでは撮影が出来ない。こんなことは、かつての黒澤組ではなかった。直しておけ」、と現場スタッフに一喝。その日の撮影は中止になった。

後から監督補佐として参加した松江陽一は、東京から京都の撮影所に駆けつけると、すでに夜であった。女の人が泣きながら、霧吹きをかけて、アイロンでしわを伸ばしている。これは異常だ、と思った。

余談ながら、翌日一二月一〇日は東京府中市で、東芝府中工場の従業員給与三億円を輸送中の現金輸送車が白バイ警官に変装した男に車ごと奪われた「三億円事件」が発生した日である。

映画評論家の西村雄一郎は、宮口精二に直接会って、黒澤降板事件について聞いた。

宮口によれば、撮影が中断されて、東京の自宅で待機していた。黒澤さんから電話がかかってきた。「絶対に再開するから、待っててくれ」と涙声で話す。一時間半あまり、黒澤さんは電話を離さなかった。そんな電話は今まで一度ももらったことはない。こりゃ、異常だと思ったね。

一二月一〇日。源田實（当時、参議院議員）が見学に来た。長門の姉妹艦陸奥の資料を基に長官公室などのセットを組んであったが、源田は長門と陸奥の長官公室の家具は左右逆だと指摘。また、時代を出すため、壁や手摺を古めかしていたが、源田は、真鍮はいつもピカピカ、壁は頻繁に塗り直していた、とも指摘した。直ちに作業して、源田の指摘通りに直した。

一二月一一日。黒澤は終日、ステージに現れなかった。早朝六時に倒れ、急患として京大付属病院に搬送され、夜まで静養していた。この頃、黒澤は一睡もせず、ウイスキーと睡眠薬を呷っていたらしい。前述したが、黒澤夫人喜代によれば、熱が出た時のように、話が極端に飛んで神経質になり、摩訶不思議な言動が出始めたら、心身共に疲れ果てている徴候であるから、気分転換して休養をとる必要がある。しかし、黒澤の周辺にはこんなことを知っている者はなく、二〇世紀フォックスからの撮影ノルマもあった。

一二月一二日。黒澤は終日ステージに現れず。宿で静養中の黒澤は青柳を呼びつけ、「トラ

・トラ・トラ！」の俳優たちに、任侠物制作全盛だった東映太秦撮影所内を歩きまわる、やくざ姿、着物姿の役者を見せたくない、二〇世紀フォックスが東映太秦ステージの半分を買い取るようにせよ、と強く指示。黒澤はヤクザと演歌が大嫌いなのだ。

一二月一三日。

夜九時、青柳は黒澤のいる宿に京大付属病院の脳外科医を招いて、黒澤を診断してもらった。何故脳外科医を呼んだのか。黒澤の自伝『蝦蟇の油』によれば、レントゲン写真を撮って解ったのだが、黒澤の脳の大動脈は異常に屈折している。この異常は先天的なもので、真正癲癇症と判断された。異常に屈折した脳の大動脈は、疲労し過ぎたり、昂奮し過ぎたりすると、血行が途切れて小癲癇症状を起こすものだ、と医者から注意を受けている。これを知っている青柳プロデューサーが脳外科医を呼んだのだろうと思われる。翌日の診断結果は、「働くことは可能だが、あまり緊張させてはいけない。ストレスの多い仕事は無理。黒澤は興奮しやすい。周りの人は怒らせないように」だった。

神経過敏になっていった黒澤

精神病理学者は、黒澤の、すさまじいまでの入念さ、徹底性、完全性、粘着性、黒澤映画に見られるエネルギーの横溢、爆発的な壮絶な戦闘シーン、どの映像にも漲る緊張感あふれる緊密度、リアリズムに傾倒する徹底した懲り性、登場人物全員にフォーカスを当てるパンフォーカスの手法、細部を揺るがせにしない細部拘泥的粘着性、いずれの事柄も典型的な「癲癇性格」を表すエピソードや諸特徴だと言う。また、黒澤に典型的な「癲癇性格」こそが、黒澤の映画制作における完全主義（粘着性）と、映像における迫力（爆発）を生んだとし、「トラ・トラ・トラ！」を降ろされた後の、六一歳時の自殺企図も「癲癇性格者」の不機嫌症によるものと考えられる、と診断する（『黒澤明の精神病理』）。

なお、癲癇性格者は異性に関心が薄いのが特徴の一つだそうだ。黒澤はチーフ助監督時代に映画「馬」を担当した。この時の主演女優高峰秀子とのラブロマンスがあった。一七歳の高峰が積極的だったのに三一歳の黒澤は受け身だった。黒澤は結婚後も女性関係で週刊誌等を賑わせたことは一度もなく、撮った映画も男性中心の映画ばかりだ。その点、女性を中心とした作品の多い木下恵介とは対照的である。黒澤家に一年半居候したこともある俳優土屋嘉男によれば、黒澤家には黒澤作品に出演させて欲しいとして、自分の写真を同封したハリウッド女優からの手紙がよく届いていた。「困るんだよ。青い目は苦手だよ」と黒澤は土屋に洩らした。外国映画の女優で一度使ってみたい人はいますか、と問われて「マリリン・モンローだよ」と即座に答え、「あの女はパーみたいに見えるけど本当は頭が良かったんじゃないかな」と言った（『大系黒澤明（二）』）。黒澤映画にマリリン・モンローは似合わないと思うが、黒澤の好みの一端が分るかも知れない。

精神病理学者が指摘する映像シーンだけではなく、黒澤が映画制作の中で最も重視する脚本執筆に際しても、旅館に三カ月も、黒澤の言葉で言えば「監獄同様に」、閉じ籠って、しかも、一流のシナリオライターと共に共同執筆の形で、互いの意見を絞り出しつつ、疲労困憊するまで書き続けて完成させる、その集中力と完璧性も黒澤の「癲癇性格」によるものだろう。

一二月一三日の夜、身の危険を感じている黒澤は、自分のかぶるヘルメットを用意すること、ガードマンを付けること、スタッフ用の控室は二四時間警備ガードマン八人が必要、など合計七項目を青柳に口頭で要求した。神経過敏になると、命を狙われていると妄想することがある。夏目漱石もロンドン留学時代、神経衰弱になって探偵が自分を見張っている、と妄想して怯えた。黒澤は、映画制作中に映画の主人公に成りきってしまう、と関係者は言う。山本五十六は海軍次官時代、日独伊三国同盟に強く反対していたため、命を狙われていた。このことが、山本になり切っていた黒澤の意識中に生命を狙われているとの思いを生じさせていたのかも知れない。

一二月一四日。黒澤は不眠を訴え、前夜より一睡もせず、朝七時まで、ウイスキーをがぶ飲み。そのまま一〇時にステージにやって来た。黒島亀人役の牧田喜義の演技が気に入らず、終日、イライラのし通し。長官公室の撮影セット本棚も気に入らず、「当時、山本長官が読んでいたと思われる洋書、船舶関係、海事関係のものを探して入れ替えろ」と大道具係に要求。幸い、関係者が京都市立図書館に知人がいて、手配することが出来た。

娘和子によれば、黒澤は「触れれば痛みを感ずるほどの赤剥けの感受性」、「感受性の塊のようで、傷つきやすく敏感で直感の持主」で「過度の昂奮や疲労で茫然自失になったことも」あって、「撮った三〇本の映画の節目、節目で疲労困憊して倒れた」と言う。

豪快な男性主役の映画から黒澤は、豪放・磊落・大胆な人と思われがちだが、黒澤を知る多くの人が指摘するように、実際は芸術家らしく神経質で感情の起伏が激しく不安定、傷つきやすく痛みやすい心情に支配され、時には暴走して得体の知れぬ恐怖に襲われて錯乱することもあったようだ。

一二月一五日。黒澤は、前夜一睡もせず、ウイスキーのボトルを空け、朝九時に酒の匂いをぷんぷんさせながら、セット入りした。黒澤の尋常でない行動に戸惑う制作スタッフは自主会合を持ち、監督がこのようでは、全く仕事にならない、との文書をまとめた。

一二月一六日。制作スタッフは、前日まとめた文書を青柳プロデューサーに手渡す。黒澤が現れても、リハーサルがうまくいかない。青柳は、前に黒澤を診察した京大付属病院の医師を黒澤の宿に呼ぶ。黒澤は面会を拒否。黒澤の精神を安定させるため、東京にいる黒澤夫人を京都に呼ぶ。娘和子によれば、黒澤は極端に心配性で、持ち前の想像力で考え過ぎる所がある。

知らせを聞いて、エルモ二〇世紀フォックス・プロデューサーも米国から急遽来日。

一二月一七日。現場スタッフは、エルモ・プロデューサーに訴えた。監督は正常でない、撮影と無関係の要求が多い、軍隊式の敬礼の強要、夏服（第二種軍装）事件、キャメラに写らない部分までセットの建て込みを要求する、スタッフ・ジャンパーを着ていなかったとして、現場スタッフを追放する、と。この日の深夜、黒澤は撮影所の窓ガラスを監督補佐の松江陽一に割らさせた。

翌日、米側宣伝担当のテッド・テイラーが日本側宣伝担当の伊東弘祐の部屋にやって来て、昨夜黒澤がスタジオに酔って現れ、スタッフ・ルームの窓ガラスを割ってしまった。その足で近くの太秦警察署に自首し、「器物破損」で留置しろと警官を困らせた、折悪しく、大阪の新聞社のサツ回りの記者がこの事件を記事にするらしいので何とかしてくれ、と言う。知己を頼って社会部のデスクに会って頼み込み、幸い記事はボツにしてもらった。後に、テッド・テイラーは言った。「ミスター・クロサワは世界の偉大なる監督だ。一〇億円の金を消費して七分間の映画を撮った。最高の制作費の記録だよ」(『黒澤明「乱」の世界』)。

「トラ・トラ・トラ！」撮影中の種々の出来事については、黒澤の撮影現場での細部までのこだわりを知っておく必要があろう。黒澤の小道具までのこだわりについては、島敏光が黒澤から聞いた話を書く。

「僕はね。スタッフにいつも言うんだけどね。つまらないと思った仕事でも、一生懸命やって見ろ。そうしたら面白くなるよ、って。それですよ。努力だけではそう続かないよ。面白いからこそ努力出来る。努力していると益々面白くなる、そういう関係なんだよね。映画の場合、例えば『そこは映らないからいいや』と言っていたらダメなんだよ。手を抜いていたら切りがないよ。そうじゃなくて、どんなアングルから撮っても大丈夫というものを一生懸命に作っているうちに、面白くなってくるんですよね。『赤ひげ』の時なんだけれど、スタッフにそういう事を言っていたら、小道具さんが雨戸の上に茶碗をずらーっと並べているんですよ。何をしてるんだろうと思ってよく見たら、その中にはお茶が入っていたわけ。古くから使っている茶碗に見えるようにと茶渋を付けているんですよ。もちろん、そんなものは映らないけど、そういう気持でやっていると、いろんな細かい点まで気が届くよね」

白井佳夫は「赤ひげ」撮影時に、小道具の薬戸棚を作った職人から聞いたことを書いている。普通、撮影のための薬戸棚は金具が付いているだけで、中の引き出しは作らないのだが、「赤ひげ」の撮影現場では、これを全部作って備えてあった。おまけに出して見たら、中は何年も薬を入れてあったように黒い。シナリオを読んでも、薬戸棚を開けるシーンはない。この小道具を作った職人は言った。黒澤監督が何気なく開いて見るかも知れない。中に引き出しがなかったら、監督は違和感を覚えるだろう。それが次の撮影シーンに影響する。たまたま開いて見たら白い木のままだったら監督は感興を害するに違いない。それで完璧な薬戸棚を作ったのです、と。

俳優土屋嘉男も「赤ひげ」撮影時を回想する。赤ひげ（三船敏郎）と保本（加山雄三）と森（土屋嘉男）の三人がそれぞれのお膳の前に横に並んで食事する場面があった。その時の茶碗と湯呑を見ると「おや？」と思った。どこかで見た名品である。「これ？」と黒澤に言うと「そう。俺の大事なやつを家から持って来たんだよ。どうしても気に入った物がなくて、弱り果ててね」と洩らす。それと解る撮り方はしないので、映画の観客は全然解らないはずだ。映らないからいいと言うのではない。そんな気持がそこに流れて、やがて全体像が生れるというやり方だ。

これも、土屋嘉男の「赤ひげ」撮影時のこと。撮影を待っていて室内を見ると、撮影シーンの部屋の隅々にまでうず高く書物が整然と積まれていた。何気なく、一冊を手に取るとそれは本物の江戸期の医書だった。次に取った本も当時の医書で、全て古い貴重な医学関係の書物なのだ。さらに、机の引き出しを開くと、当時の外科用器具が整然と並んでいる。それらを狙っての撮影は一切ない。それでも関連小道具は全て本物だった。

「映画ではクリスタルも並みのガラスも同じだ、なんて言う奴がいるが、とんでもない。溝口（健二）さんの撮った画面にはちゃんとその違いが解る。やかましいから厚みが出るんで、誤魔化していいと言う精神が救われないんだ」と黒澤は強調する。黒澤は娘和子に言った。「どんな仕事も努力もちゃんと映画に出る。手を抜いちゃいけない。画面に出るんだよ。そういうことが本当に出てしまうんだ」。

このような黒澤組と呼ばれた小道具屋や大道具屋、撮影スタッフに囲まれて、水も漏らさぬ態勢の中、東宝砧撮影所で黒澤は映画作り執念一途で映画を作ってきたのだ。

後年、「トラ・トラ・トラ！」降板事件の様子を土屋が黒澤に聞いた時、「山本五十六の艦長室の書類を見たらさ、時代劇の連判状なんだよね。怒る方が当り前だろ。俺はいつもの俺のやり方でやったんだよ。俺は病気でも何でもないよ。そんなことも解らない連中がうようよいるんだよね」と嘆いた。

「トラ・トラ・トラ！」解任後、黒澤はソ連政府の依頼により三〇年間温めて来た「デウス・ウザーラ」を撮った。シベリアで撮影に入り、探検隊一行が虎に遭遇する場面があった。最初はサーカスの虎を連れてきた。黒澤はキャメラのレンズを覗いて「駄目だ！　こんな飼育調教された虎には野性がない。第一、目が死んでいる。野性の虎を捕まえて来い！」と叫んだ。

ロシア側は捕獲隊を組織して、本物の野性の虎を捕獲して撮影現場に運んできた。これも、完璧を求める黒澤ならでのエピソードだ。

一二月一九日。エルモと青柳は、宿で休んでいる黒澤を訪問。B班監督（監督代理。演出のない場面の撮影等担当）である佐藤純彌と黒澤の下にチーフ助監督をしている大沢豊に一部権限を委譲してはどうか、と提案。東京から、黒澤の主治医が京都入り。宿で診察。「軽い緊張があるだけで、健康に問題なし」と診断。

一二月二〇日。「現場スタッフの要求は理解した」という、黒澤の発言にスタッフは応じて、スト中止。三日ぶりに撮影準備に入る。

山本五十六役の鍵谷の控室が貧弱だと別の控室を用意し、赤絨毯を敷き、ピカピカに磨いた真鍮の手すりを付ける。冷蔵庫を用意し、酒を飲まぬ山本が艦内で何を飲んでいたかをすぐ調べろ、とスタッフに厳命。

一二月二一日。黒島亀人先任参謀役の牧田喜義は素人俳優なので、なかなかうまくいかない。苛立った黒澤は「それでも、貴様海兵か！」と怒鳴った。このようなことは、黒澤組の人間だったら、誰でも連日怒鳴られていることだ。

撮影時に俳優やスタッフに厳しくて　怒鳴ることも珍しくないが、「トラ・トラ・トラ！」では相手が悪かった。相手は相当な社会的地位のある人で、演技に失敗して辞めても、別にどうでもない。専門俳優なら黒澤映画に出演しただけで箔が付く。黒澤に演技落第と烙印を押されれば、自分の将来に大きな傷が付くだけでなく、俳優人生に終止符を打つ可能性すらある。

この日、黒島亀人役牧田喜義への黒澤の罵声の件を聞いた海兵（海軍兵学校）出身出演者たちは、宿舎の「翠風荘」で、これは赦すべからざる侮辱であると緊急集会を開いた。出演者総引揚げの話も出たが、ここは我慢して、撮影終了後、然るべき抗議を行うという結論を出す。

黒澤は「トラ・トラ・トラ！」降板の後、自殺未遂事件を起こし、その後、「影武者」の制作に取り掛かった。ここでも、一部の役者を公募し、隆大介や油井昌由樹が主演級で発掘されている。

公募で合格して出演した人達の経験談が「われら六人の侍『影武者』体験談」（『大系黒澤明（四）』）に載っている。その一部を抽出する。

Ａ：黒澤監督は決して高度な演技を要求するのではなく、基本的なことだけ求める。そして、自分が出来ると思ったことは絶対にやらせるね。だからスタッフでもやるべきことをやっていないとバアーと怒る。

Ｂ：監督がいつも口にしていたことで、頭に残っていることは「役に入っていれば出来ないはずはない。気持が入っていないから出来ないんだ。ちゃんと勉強してきたのか。全然していないいんじゃないいか」。

Ａ：でも、役に入るということは難しいよな。日常生活があるから。

Ｃ：僕も監督からずいぶん、怒鳴られましたよ。最後は「もう時間がないから、早くやってくれ」と言われ最悪だった。助監督さんが傍らに来て何か言ってくれるのは分ったけど、何も頭に入らない。

D：槍の構え方で何十回もやらされた。針の筵だった。

E：俺も派手にやられた。とにかく、歩くだけでNG（駄目だ！）が何回出たか。「駄目なんだよ。そうじゃないんだ」と監督がやってみせてくれるんだが、出来ない。もう、こちらは完全に舞い上がっちゃって。監督の「もうやめよう。出来ない」の一言で、撮影中止。こんなに傷ついたことはなかった。「歩くことも出来ない。それでも役者やってるんか」とくるわけよ。

一二月二二日。山本長官役の鍵谷武雄は、控室のある建物の玄関から撮影現場のステージ入口まで、一分足らずの短い距離しかないが、車でやってくるように黒澤は命じた。入口で将官ラッパが鳴り響き、黒澤を含めスタッフ全員が鍵谷に「敬礼！」を行う。鍵谷は赤絨毯の上を歩いてステージに入る。撮影が終って車に乗り込む際、スタッフと黒澤は直立不動に姿勢で「敬礼！」で見送る。その後、黒澤がセットに戻ると、現場スタッフは「敬礼！」で黒澤を迎える。

一二月二三日。前夜より黒澤は眠っていないようで、明らかに体調も優れない模様。リハーサルが始まってすぐ、「長官公室の壁の色がおかしい」と言い出し、セットの壁を全て塗り直すよう命じる。美術助監督が「そんなことは、今さら出来ない。辞めさせてもらう」と抗議すると、黒澤は自ら先頭に立って、塗り直し始めた。他のスタッフも見て何もしないわけにもゆかず、スタッフ総出で塗り直し作業。黒澤は黒色を塗りはじめたので、スタッフは唖然とする。黒澤とすれば、黒塗りした上に白を塗れば、深い白となるのだが、黒澤に鍛えられた黒澤組でないスタッフは分らない。

長官公室の神棚の扉がベニヤ板でできているのに気付いた黒澤は「こんな安物でなく、本物の扉にせよ」と命じる。美術監督の村木与四郎は「今から探すとなると、最低二日はかかる」と抵抗。黒澤は「柾目《まさめ》の一枚板をとにかく探して来い」。とにかく、凄まじいまでの完璧主義である。ここまでくれば偏執狂と言っていい。しかし、これこそ映画芸術家黒澤が名作を生んだ所以なのだ。美術スタッフは柾目板を求めて夜の京都をかけずり回った。

壁塗り直しのため壊した壁を隠すため、「美術的に価値ある屏風を探して来い」と指示。美術監督の村木与四郎が手配した屏風が数時間後に搬入された。黒澤は感嘆の声をあげ、「神棚のある部屋にふさわしいものだ。天皇陛下にお見せすれば、きっと褒めてもらえる。直ちに梱包して皇居へ送れ」と命じた。これにはスタッフ全員呆気にとられる。

城を作らせたら右に出る者はないと言われたのがベテラン美術監督村木与四郎だ。「蜘蛛巣城」の城、「乱」の三の城などは村木によるもの。城で難しいのが石垣。「乱」の三の城の場合、本物の名城の石垣を写真に撮って引き伸ばし、一つ一つを石に合せて発泡スチロールを裁断して、石垣全体用の板に貼り付けるから何か月もかかる。その発泡スチロールの石の表面にセメントを塗っては乾かし、塗っては乾かして、四回塗り直した上に古色仕上げをする。城の石垣では、完璧主義の黒澤の納得がいかなかったこともあり村木は苦労した。

撮影に入ると、黒澤は映画の主人公になったようになり演出を続けて、作品の主人公に成り切ってしまう、との逸話が黒澤組といわれる人々を中心に、語り継がれている。佐藤純彌B班（演技のない部分の撮影担当）監督は、「黒澤さんは山本五十六に成り切ったという所はあったんじゃないか。山本と米国との戦いと，黒澤の米映画界との戦いがダブっていたのかも知れない。絶対にアメリカの言う通りにはならんぞ、というところがあったんじゃないか」と言う。

二〇世紀フォックスのエルモ・プロデューサーは、本書で多く参考にし且つ引用させてもらっている労作『黒澤明VSハリウッド』を書かれた田草川弘氏に言ったという。「黒澤は『トラ・トラ・トラ！』の制作に夢中になっているうちに、何時の間にか山本が自分に乗り移り、心の中で山本長官の人生を追体験していたのではないか。暗殺の危険が自分の身に及んでいるという、非現実的な恐怖感もそのためだった可能性がある。山本長官が担っていた対米戦争の責任を黒澤自身背負い込み、苦しんでいたのかもしれない」。

対米開戦を審議する御前会議で、昭和天皇が明治天皇御製「四方の海、皆同胞《はらから》と思ふ世になど浪風のたち騒ぐらむ」を朗読されたと聞き、「これは、陛下が平和交渉を望んでおられることではないか」と、山本五十六が言うシーンがある。また、「こうなったら、畏れ多いことながら、陛下のお言葉にすがるしかない」と山本が洩らすシーンもある。

「トラ・トラ・トラ！」の基本的テーマは、山本という軍人の悲劇を描くことだと考える黒澤は、脚本執筆中から、撮影に入っても、山本と昭和天皇のことが常時、頭の中にあった。このため、疲労困憊した頭脳の中で、無意識的に美術監督村木与四郎が運んで来た屏風を見て「天皇陛下にお見せしたらきっと褒めてもらえる」という言葉が、突如として出たのではあるまいか。

黒澤は、素人俳優に手を焼き、終日イライラが続いて、スタッフをやたらに怒鳴りつけていた。そして、不眠、深酒の毎日。疲労が溜まり、体調は悪化する一方。スタッフも、出演者からも見放されていく。エルモ・プロデューサーは言う。

「準備は完璧だった。東映京都撮影所で、足を引っ張ってぶち壊したのは、素人俳優の連中だった。多数の素人俳優をあのように重要な役に起用したことに、そもそも無理があった。自業自得だ。黒澤は自分の誤算の、つけに苦しんでいたのだ」

黒澤としては、素人であっても、その気にさせれば、芝居は出来ると躍起になって雰囲気作りに熱を入れ、それに熱を入れれば入れるほど、昔から黒澤組の飯を食って来ていない東映京都太秦撮影所のスタッフは横を向くようになった。

黒澤が素人（社会的に相当の地位のある経済人）を使用したことを、米側は次のように考えたようだ（『黒澤明—封印された十年』）。

米側監督リチャード・フライシャーは、「次回以降のスポンサーになって貰えたらと、黒澤は機嫌を取っているという噂でした」と言い、プロデューサーのエルモ・ウイリアムズも「映画制作資金を得るためだったのでしょう。財界の大物をこの作品に出してやれば、恩を売ることが出来る。今後の作品に出資して貰えると思ったのだろう」と言う。

しかし、この指摘は的はずれだ。黒澤が選んだ人々の多くは、海軍兵学校七四期の人が多く、相当の社会的地位とは言いながら、日本財界の主流であるような一流企業の社長とか役員ではない。一流会社の社長や役員が何か月も撮影で業務から離れることは不可能だ。第一、株主総会で問題視されるだろう。黒澤が選んだ人々の多くは、いわばマイナーな会社の幹部と言っていいだろう。次回の映画制作のスポンサーになってくれる、とは考えられないし、黒澤がそのような考えを洩らしたこともない。俗な言葉で言えば、米国映画人の「下司《げす》の勘ぐり」であろう。

任侠物映画全盛の東映京都太秦撮影所内には、ヤクザ姿や、着物姿の者が雪駄を履いて、だらだら歩いている。その中で、凛々しい海軍将校軍服姿の一団がさっさと歩いて、敬礼したり、将官ラッパが響く。撮影所内の連中は京都人特有の冷笑さで傍観していた。

「黒澤はん。何をやってますねん。ええ気なもんですな」だ。失敗すれば「それ見たことか」と嗤《わら》うのが京都人。黒澤のやり方に慣れていない京都東映撮影所のスタッフは反発した。

「溝口(健二)さんだって口うるさかったけれど、黒澤さんほど非人間的ではなかった。黒澤さんは一人で日本を代表するつもりでいるんじゃないか」との陰口が聞こえるようになった。黒澤はヤクザと演歌が大嫌いだ。黒澤は言う。「鶴田(浩二)君は『詩がある』なんて胸を張っている。何を言ってるんだ。東映はいけないですよ。ヤクザは映画やテレビに取り上げるべきじゃない。あんな連中を」。

東宝で育ち、初めて東映京都太秦撮影所に入って、キャメラマンとしての仕事をした時のことを木村大作は次のように語っている。京都撮影所の人々は、よそ者をどのように見ているかが分る。「火宅の人」(一九八六年)で初めて東映京都撮影所に乗り込んだ。最初は全員が敵のようだった。廊下を歩くと、どの部屋のドアも開いていて、「あいつが木村大作か。若いじゃないか」なんて言っている。三つのステージの二つを壊させた。東映は主に広角レンズを使っていたから、それでいいのだが、木村は望遠レンズを使う。そのためセットを直したのだ。翌日大道具の親方がやって来て「ちょっと、顔を貸せ」と言う。照明の足場の上に連れて行かれて、金槌を持った大道具屋に囲まれた。「あんさん。何で壊すんや」と脅されたので、ラッシュ（編集前の撮影したフィルム）を見れば、望遠レンズを使用しているのが分るから納得してくれるだろうと思い、「ラッシュを見て下さい」と説明した（「踏み越えるキャメラマン」日本経済新聞、二〇一四年六月五日）。黒澤が東映京都撮影所に初めて入った時の雰囲気が分ろうと思い、木村キャメラマンのエピソードを書いた次第。

撮影現場では、気に入らない監督や助監督の近くに照明用具がどすんと落ちることもあるらしい。嫌がらせだ。実際、「トラ・トラ・トラ！」の撮影が東映京都撮影所で始まった直後の一二月四日に照明器具落下事件があった。撮影所は独特の世界なのである。黒澤が自分も含めて、ヘルメットを被らせるようにしたのは、精神的に疲労困憊して、こんなことを恐れたのかもしれない。

神経過剰になって、命を狙われている、という被害妄想的になっていたこともあろう。前述したが、黒澤の娘和子によれば、黒澤は極端に心配性で、持前の想像力で考え過ぎるところがある。

ちなみに、監督や助監督やキャメラ関係者が登山帽などを撮影現場で必ず被っているのは、上から何かのはずみで照明器具が落ちてくることへの安全対策である。

京都太秦の東映スタジオでトラブルが続くようになった。黒澤の奇行が目立ち、スタッフやキャストの中から「監督は尋常でない」「心身の健康に深刻な問題があるのではないか」の声が高まった。

東京にいた和子は「トラ・トラ・トラ！」の撮影中に京都に行った母喜代から電話で至急京都に来るように言われ、訳も解らぬまま新幹線に乗って京都に着いた。ある高級旅館にたどり着くと、母は「パパが荒れて旅館の器物を壊したから、もうここにはいられない」と一点を見つめて茫然としている。

黒澤が旅館で暴れるので、喜代夫人と和子は、急遽、一二月二三日の真夜中近く、タクシーで三条河原町御池にある京都ホテルに黒澤を運んだ。喜代は、少女歌劇団に入団、その後、東宝にスカウトされ、黒澤作品「一番美しく」で黒澤と知り合った。結婚後は影に徹して絶対に表面に出ず、我儘な黒澤の生き方を天性の明るさで支えた人だ。昭和六〇年二月、喜代が六三歳で亡くなった年の一一月三日、黒澤は映画人で初の文化勲章を授与された。この時、「この受賞は死んだ家内が一番喜んでくれたと思う」と言い、後に、「一番美しく」を黒澤が観て、初めて人前で泣いたと和子は言う。

後に「デルス・ウザーラ」を撮った時には、一〇〇%黒澤監督の意見を尊重すると協定に明記され、黒澤の意見は悉く受け入れられたが、それでも緊張・昂揚していた黒澤は、毎晩のウオッカ一本が二本になり、怒鳴りまくるようになった。意見を十分に聞いてくれ、好きなように撮影できたこの時ですらそうだったのだから、京都東映撮影所で黒澤が怒鳴りまくって荒れたのは当然とも言えることだった。

ちなみに、「デルス・ウザーラ」は一九七五年八月日本公開。九月にはソ連で公開されモスクワ映画祭で金賞を受賞。一九七六年第四八回アカデミー外国語映画賞を受賞した。

第10章 ✺ 黒澤の監督解任とその後

黒澤、突然の監督解任

撮影現場で撮影の進捗を見守っていた二〇世紀フォックスのエルモ・ウイリアムズは、このままでは撮影の予定通りの進行は不可能と見て、ダリル・ザナック社長と相談し、黒澤を更迭して撮影を続行することとした。一九六八年一二月二四日のクリスマスイブの日、京都ホテルに行き、黒澤と会い、「これは二〇世紀フォックスの最終決定である」として解任を口頭通告した。

一二月二五日。米国の通信社ＡＰが黒澤降板のニュースを世界中に流した。日本の共同通信も日本のマスコミに流す。翌日の日本の朝刊には、この事件を大々的に伝えた。娘和子によれば、黒澤はマスコミに追われて京都の宿を転々とした。

黒澤挫折の原因を次の二点だと指摘する人は多い。

①レンタル料が安いという理由から、東映京都撮影所に決めたのではなかろうか。撮影現場の人たちは黒澤明と縁もゆかりもない人たちだったが、これが問題だった。慣れ親しんだ東宝

の砧撮影所ならともかく、黒澤のやり方は、東映では通じなかった。
②合理主義の米国では、一日に何フィートと決めて撮るが、完全主義の黒澤はリハーサルを重ねて、本番は納得のいくまでやる。黒澤の完全主義と米国の合理主義の相違だ。
「トラ・トラ・トラ！」制作に関わる日本側宣伝担当だった伊東弘祐は、一二月二日クランクイン、翌年三月二二日のクランクアップという、厳密なスケジュール表を見て、あってなきが如きスケジュールが当り前の黒澤組で、このきちんとした予定が果たして通用するのだろうか、スタッフも黒澤一家の顔ぶれが少ない新しく編成された混成部隊であり、出演者も経験の全くない素人が大部分だ、と気がかりだった。

チーフ助監督だった大沢豊も後に当時を振り返って言った。

「いろんな人と仕事をしたが、ものを作るという姿勢は黒澤さんが一番ひたむきで、いつも命がけでやっていた。まるで個人的な芸術家、画家みたいな感じだった。そんな黒澤さんが万事合理的なシステムの中で仕事を進めて行くアメリカ側と合わないのは当然だし。イライラも進んできたのでしょう。色々な事件があったが、今でも黒澤さんのアメリカの合理的なシステムに対する抵抗であったと思います」(『黒澤明「乱」の世界』)

黒澤は、かつて京都太秦の大映で、ベネチア・グランプリ受賞作「羅生門」を撮った。この時のチーフ助監督は加藤泰。黒澤と加藤はウマが合わず、事ごとに対立し、ケンカ別れした。

黒澤が「トラ・トラ・トラ！」撮影のため、東映京都太秦撮影所に入った時、藤純子、高倉健による「緋牡丹博徒・花札勝負」(一九六九年二月封切)を加藤泰が監督していた。

東映京都太秦撮影所では、任侠ものを中心に制作がすすめられており、所内には着物のやくざ姿が闊歩していた。東映京都太秦撮影所はやくざ映画が全盛であった。

黒澤は、山本五十六役が入る時は将官ラッパを鳴らし、赤絨毯を敷き、周囲のスタッフに敬礼させる。黒澤独特の演出法は、こんな東映撮影所では、揶揄と嘲笑の対象となった。そんな空気を敏感に感じ、傷つき、過剰反応し、黒澤は疲れ切った。

二〇世紀フォックスは黒澤に代る監督を探すと共に、山本五十六役を三船敏郎に依頼してきた。監督は黒澤明、制作を三船プロダクションに全部任せるという条件ならば山本五十六役の出演を受諾すると、三船は返事した（『もう一度天気待ち』）。

米国式の合理的な映画作りと黒澤の作家的な映画創造は全く相容れないものだと骨身に沁みて分ったので、三船の条件を二〇世紀フォックスは受け入れなかった。三船は、黒澤降板事件でインタビューに応じて「黒澤さんが出演者に素人ばかり使ったのがこういう結果を招いた原因の一つではないか」と発言。これが大きく報じられて黒澤の逆鱗に触れた、との向きもある。黒澤あっての三船敏郎、三船は黒澤作品になくてはならぬ役者と言われてきたが、「赤ひげ」以降、黒澤は三船を使わなくなっていた。その理由を黒澤は「三船君とやれることは全部やってしまったんでね」と言っていた。

翌一九六九年三月、後任監督に舛田利雄、深作欣二両監督が決定。黒澤解任事件から一年九カ月後完成の「トラ・トラ・トラ！」の初演は一九七〇年九月二四日。東京、ホノルル、ロサンゼルス、ニューヨークの四都市で同時に行われた。日本と欧州では好評だったが、米国内の興行成績は伸び悩んだ。

一九六九年一月二〇日、東京プリンス・ホテルで黒澤プロダクション役員青柳哲郎、菊島隆三、窪田貞弘の三者による記者会見があり、青柳は「トラ・トラ・トラ！」の撮影中止を「黒澤氏の病気によるものだ」とし、三人が黒澤プロダクションを辞任すると発表した。

翌一月二一日、赤坂プリンス・ホテルで黒澤による記者会見があり、「黒澤ノイローゼ説」を否定した。横に松江陽一が坐っていた。二〇世紀フォックス対黒澤明という形をとらず、黒澤プロダクションの青柳プロデューサー対黒澤明という形の記者会見となった。黒澤は「僕はノイローゼでも病気でもない。主治医に診て貰ったが異常はないとのことだった」と語った。

「トラ・トラ・トラ！」自体が元々、両方が出資する日米合作映画ではなく、完全な二〇世紀フォックス資本の映画で、黒澤プロダクションはその下請状態であった。それなのに、黒澤は自分が編集権も含む総監督的立場でやれると思っていた節がある。撮影が始まってから一向に進まない状態に冷汗をかいたのは、二〇世紀フォックスよりも黒澤プロダクション側だったかも知れない。下請状態にあったから、もし一定期間内にフィルム引渡せなかったら、そのペナルティーは自分で負わなければならない契約になっていたかも。これ以上続ければ、期間内に完成することは出来ない。といって、仕事を放棄することも出来ない。そこで考えられたのは、「精神的な病気」になってしまった、というアイデアだったのではないか。これならば、突然の事故で、撮影が不可能になるケースになる。そうすれば、保険金の対象になり得るし、黒澤プロダクションが違約金を支払う義務もなくなる。黒澤は最終的に自分に編集権がないと分った段階で降りる決心をしたのではないか、ともいわれる。後に黒澤は、「根本的なことをいうと編集権の問題なんです。ぼくに編集権がなかったら問題にならんわけだ。映画というものは編集でどうにもなるんです」と語っている（黒澤明「夢は天才である」『文藝春秋』九〇周年記念五月臨時増刊号）。黒澤映画に詳しいある人は、黒澤を病人にして、黒澤プロダクションの損害を救う、そんな機転の利いたアイデアは菊島隆三が出したのかもしれない、と言う（『黒澤明　封印された十年』）。

一月二一日の記者会見で黒澤は、「シナリオの段階から二年間も熱中していた作品を突然、打ち切られたら映画監督などという者は、それだけで殺されたようなもんですよ」と語った。菊島が黒澤を病人に仕立て上げた、と知れば、黒澤が激怒するのは当然であろう。脚本家橋本忍は、黒澤組の常連脚本家小国英雄から「菊島と黒澤は血で血を洗うような争いが起きて二人は永遠に決別してしまった」と聞いた。尋常ならざる形容だが、菊島が自分を病人に仕立て上げた、と知って、あるいはそう思って、黒澤プロダクションの要《かなめ》的存在で、常連の共同脚本家だった菊島と喧嘩別れしたのかもしれない。

黒澤の強烈な個性に菊島が我慢出来ず、喧嘩別れしたものと思っていた人もあろうが、黒澤を病人に仕立てたとの指摘が図星を衝いているのかも知れない。白井佳夫によれば、菊島隆三は「白井さん。その辺のことは、全部話すから、一度聞いてくれ、と言っているうちに亡くなった」とのことだ。このまま、撮影が延び、作品の完成が伸びたり、未完成のままになったら、契約上莫大な損害補償が黒澤プロダクションにのしかかってくる。黒澤を救うために菊島は自分が悪役を甘んじて引き受けたのかも知れない。

菊島は共同執筆で黒澤と多くの仕事をしてきたが、「野良犬」で黒澤と共同シナリオを書いたのがシナリオライターとして認められるきっかけとなった。「トラ・トラ・トラ！」事件以降、黒澤は死ぬまで菊島を許そうとせず、世間は黒澤に同情的で菊島には冷たかった。

二〇世紀フォックスと黒澤プロダクションの間には、厖大な契約が結ばれており、黒澤プロダクションの窓口となって二〇世紀フォックス側との契約その他、一切の業務を取り仕切ったのは青柳哲郎プロデューサーであった。黒澤は青柳を信頼して実印を預けるほどであった。二〇世紀フォックスとの間の契約の詳細を青柳は黒澤に伝えず、ザナック社長からの電報を黒澤に見せないこともあったようだ。黒澤は契約の詳細を青柳から知らされていなかったから、自分が総監督的立場で編集権もあると思いこんで、この作品に全身全霊でのめり込んでいたと思われる。芸術家そのものの性格の黒澤は、厖大な契約を一々チェックせず、青柳に一切を委ねていたのだろう。天才的芸術家に共通の甘さといえば甘さであり、欠点でもあった。

青柳は「サザエさん」シリーズなどの監督をした青柳信雄の子として昭和九年に生れた。東宝に入社し、海外部に移り、渡米して後に東宝を辞め、黒澤プロに入社した。子供の頃から父信雄と黒澤の関係で、黒澤の家に出入りして、黒澤から可愛がられていた。しかし、青柳は黒澤組のスタッフと会うのも、撮影現場に入るのも初めて。そういう人間が黒澤プロのプロデューサーとして、二〇世紀フォックスとの契約一切を取り仕切っていたのだ。

「トラ・トラ・トラ！」でチーフ助監督だった大沢豊は言う。「青柳さんは黒澤さんの立場に立ったプロデューサーじゃなかった。ある時はフォックスについたり、ある時はこっちについたり、最終的にはアメリカ側だった」。

黒澤は信頼していた青柳から裏切られた形になり、次のように怒った。「哲（青柳哲郎）ってのはね。生まれつきの詐欺師ですよ。あの時、訴えようと思ったんだけど、弁護士が『黒澤さんが相手にするには器が小さ過ぎますよ』と言う。ああいう奴は、そのうち何かやらかすだろうから、その時にね。ただ、ダリル（二〇世紀フォックス社長）に済まなくてね。向うは好意的にやってくれたのに」（『黒澤明　封印された十年』）。

青柳、菊島という自分が最も信頼し、全権を委任したはずの者から裏切られる。それ以前にも、黒澤が監督した「一番美しく」に出演した矢口陽子（本名、加藤喜代）との結婚問題で間を取り持ってもらおうと思った信頼する身近な友人に裏切られ、呆然としたことがあった。

青柳や菊島から裏切られたという思いが、黒澤の大きな人間不信や絶望感を招くきっかけとなり、以降の黒澤作品の作風を変えることになったのではなかろうか。確かにシェイクスピアの「リヤ王」を土台にした黒澤作品「乱」は人間不信がテーマになっている。逆に映画「まあだだよ」は浮世離れしたような子弟間の信頼関係をドラマ化し、自分の経験し得なかった理想を描いた作品なのではなかろうか。

『黒澤明という時代』を書いた小林信彦は、「乱」の主人公秀虎を通じて描かれる人間不信が「トラ・トラ・トラ！」事件後の黒澤明その人のものだと、見ている。ある映画関係者二人は黒澤宅を訪ねた。その時、黒澤は八〇歳を超えていたがよく喋った。お開きという頃になって、ぽつんと「でも僕の周りにはペテン師が一杯だった」と洩らした。「トラ・トラ・トラ！」事件から二〇年を超えていても、苦い思い出が忘れられなかったのだろう。

娘和子は言う。『トラ・トラ・トラ！』事件とは何だったのか。その当時、黒澤の家は五里霧中で、家の外では数多くの憶測が渦巻いていた。そのうちはっきりしたことが分るでしょう、と記者会見で言っていた父だが真実は解明されないまま今に至っている」「父は奇々怪々、何が本当で何が嘘のか、まさしく『羅生門』だと深く傷ついていた」。

シナリオライター橋本忍は、「今にして思えば、『トラ・トラ・トラ！』の不祥事は資本に従属する職人なら絶対に起る事態ではなく、自分の撮りたいようにしか——いや、自分の思い通りにしか撮れない芸術家以外の何者でもなくなっていたために起きた悲劇ではなかろうか」と言う。

「黒澤明よ。映画を作れ」の会

一九六九年六月二四日、赤坂プリンス・ホテルで「黒澤明よ。映画を作れ、の会」が山本嘉次郎監督や藤本真澄東宝専務も出席して開かれた。「トラ・トラ・トラ！」問題の不快指数を吹き飛ばそうという趣旨の会であった。黒澤は次のように挨拶した。

「僕は『トラ・トラ・トラ！』で素人の社会人を使いました。社会生活の年輪を経て来た素人たちの演技が、プロの俳優生活で年数を経て来た人たちの演技をはるかに上回る質の高いものだったことを、どう考えるべきか。このことをプロの俳優さんたち、プロの映画人はよく考えて欲しい」「今度の映画は、軍艦とか飛行機とか航空母艦とかが画面に主役で出る。そういうものの存在感に対応するような人間を使って、記録映画的な画像を作らなきゃならない。（プロの）役者に芝居されちゃ駄目なんだ。出て来ただけで山本五十六のような人、出て来ただけで日本海軍の軍人のような人をキャスティングしないと駄目だから、プロの役者は使わなかったんだ」。

映画評論家白井佳夫は次のように指摘する。

「『トラ・トラ・トラ！』は記録映画ではないから、見ただけで軍艦や飛行機に対応するようなタイプの素人を集めて第二次大戦中の日本側の戦記をやろうとしたら、これは手擦《こず》る。頭の中ではそういうドキュメンタリー的なものを描いたんだろうけれど、実際にこれはドラマだ。『トラ・トラ・トラ！』流産の原因は、端的に言って、カネを出しているのはアメリカ側で、撮影現場は黒澤と縁もゆかりもない東映京都太秦撮影所の人達だった、と言うこと。なぜ、東映京都太秦撮影所となったのか。ここは機材が揃い、技術者がいて、なお且つレンタル料が東宝と較べると格段に安かった。黒澤組の連中は黒澤のことをよく知っている。黒澤の映像感覚、志向、生活範囲をよく知っている手練の者達が、周りでがっちりチームワークを組んでいないと、黒澤の超人性はその実力を発揮出来ない。その連中を外して、助監督達は全員テレビ映画の経験しかないのだから」（『異説黒澤明』）

「蜘蛛巣城」に出演した山田五十鈴は「名監督には優秀なスタッフが付いていますが、黒澤組のスタッフもそうでした。監督に傾倒して狙いをよく把握してチームワークがとれていましたね」と言う。「羅生門」は京都大映だったが、あの時にはキャメラに宮川一夫がいて、現場で京都のスタッフを掌握していたから、黒澤はまだやりやすかった。それでも、前述したように、助監督についた加藤泰が黒澤と衝突して出ていった。

黒澤作品に度々出演して黒澤から愛された土屋嘉男も「京都東映撮影所だったのがいけなかった。東宝だったら、慣れっこになっているので何の問題もなかったと思う。東映では黒澤さんのやること、なすことが一つ一つ奇異に見えたに違いない。しかも黒澤さんが最も忌み嫌ったヤクザ姿が撮影所内でウロウロしてたんじゃ」と言った。

黒澤の「七人の侍」までの初期作品の共同執筆者は、一九四六年「わが青春に悔なし」の久板栄二郎、一九四七年「素晴らしき日曜日」、一九四八年「酔いどれ天使」の植草圭之助、一九四九年「静かなる決闘」の谷口千吉、一九四九年「野良犬」、一九五〇年「醜聞」の菊島隆三、一九五〇年「羅生門」、一九五二年「生きる」、一九五四年「七人の侍」の橋本忍や小国英雄である。久板栄二郎はシナリオ・ライターというより劇作家。植草圭之助は黒澤の小学校時代の同級生だが、東宝の大部屋役者（仕出し俳優）。谷口千吉は黒澤と同時代の助監督仲間で、シナリオ・ライターではない。菊島隆三は八住利雄門下だが、「野良犬」、「醜聞」の共同執筆当時は海の者とも山の者とも分らぬ新人。橋本忍は伊丹万作門下とはいうもののズブの素人だった。小国はプロのライターだが、黒澤との共同執筆では、自分で筆をとらず、出来た脚本原稿をチェックする役目であった。

こういう新人とか素人を使った方が、プロ・ライターには出せぬ新鮮な脚本が出来る、と黒澤は考えたのではあるまいか。結果として、戦後の黒澤の名声をもたらす作品となり、また「羅生門」は、世界の「クロサワ」への金字塔となった。

「トラ・トラ・トラ！」の制作に当っても、初期の脚本作成時に新人脚本家を共同執筆者として使ったように、専門俳優よりも、素人俳優にいい演技を演出してみせる、との黒澤の自信と挑戦があったのではあるまいか。

舛田利雄、深作欣二両監督による「トラ・トラ・トラ！」

プロデューサーのエルモの決断で黒澤は降板させられ、日本側撮影は舛田利雄、深作欣二両監督の下で進められて完成し、一九七〇年九月に世界各地で公開された。

黒澤が降りた後の監督をやるのは誰でも尻ごみする。石原裕次郎の主演映画を多く撮っていた日活の舛田利雄がピンチヒッターになったが、一人では間に合わない。盟友で、「仁義なき戦い」（一九七三年）等、やくざ映画を得意とした東映の深作欣二に二人監督の一人を要請した。深作は断るつもりだったが、ギャラの大きさに引き受けた。深作によれば、二週間か三週間の仕事をしただけで、一年分のギャラがもらえたという（『黒澤明—封印された十年』）。

スタッフとキャストを一新して撮影が開始されたのは、黒澤が降板させられた翌年の三月四日であった。山本五十六役は山村聡、源田實役は三橋達也、淵田美津雄役は田村高広（バンツマこと阪東妻三郎の息子）、木戸幸一役は芥川也寸志（芥川龍之介の息子）、近衛文麿役は千田是也等であった。山本や源田の強烈なイメージからすると、この映画「トラ・トラ・トラ！」の山村聡や三橋達也は甘っちょろい二枚目演技者にしか見えない。

山本の苦悩や存在感は皆無であった。山本と接触したことの多い高木惣吉少将によれば、山本は五尺二寸（一五八㎝）ばかりの小男で、厳めしくもなければ颯爽たる男ぶりというのでもない。ヒゲのないやや長めの顔の、特徴といえば眼が細く、口が大きくて意志的で締っていて、短い躯幹に弾力性が溢れているという印象を与える。無口で風采は平凡だが稀に述べる所見は大胆で歯に衣着せない。こういう外見であるから、体躯堂々、眼光炯炯、威風あたりを払う人ではない。これを長身で風貌の立派な山村聡が演じるのだから、どうも軽くなってしまう。

山本は小男で風采は上がらないが、海軍内の周辺の人々には、千鈞の重みを感じさせる人間的迫力が滲み出ていた。酒は飲めなかったものの、三人前くらいはペロリの健啖家で精力絶倫だった。疲れを知らぬ体力は艦長としても、司令官としても唯々呆れるばかりだった、と高木惣吉少将は言う。そういう存在感は、どんな役でもこなさないといけない玄人の俳優には無理ともいえる。長い人生経験からくる何かが必要なのだ。それを黒澤は狙ったのだが、そのためには、映画制作会社の我慢と忍耐が必要だった。

物に憑かれたように作戦案に集中した先任参謀黒島亀人も描き切れていなかった。

米国では不評であったが、日本や欧州では興業的に好成績を収めた。多くの評の中で、週刊誌『タイム』誌の次のような評はさすがであった。「日本側の登場人物の方が個性的に生き生きと描かれているが、アメリカ側の人物描写は冴えない」。日本側の監督が、当初黒澤だったことに触れ、「黒澤であれば、（真珠湾攻撃事件の）深淵を解き明かす人間的心理の動きを描いたかもしれない。黒澤を欠いたこの映画は単なるエピソードの連続に過ぎない」（『黒澤明VSハリウッド』）。

奇襲された真珠湾の壮絶なシーンは、これぞ映画の醍醐味だと言えるが、その他はタイム誌の言うように、単なるエピソードの連続に過ぎない、と思った人は多かったのではあるまいか。

黒澤映画のさまざまな評価

昭和四六年（一九七一年）一二月二二日、午前八時過ぎ、黒澤は世田谷の自宅風呂場で、首筋などを切って自殺を図った。報道陣が隣家の屋根まで登って、表門、裏門でも大騒ぎとなり、黒澤家の電話は鳴りっぱなしとなった。

二〇世紀フォックスは、「ドリトル先生不思議な旅」（一九六七年）、「スター」（一九六八年）という多額の資金を要したミュージカル映画が興業的に大失敗し、その責任をとって、ダリル・F・ザナックは社長の座を退いた。ザナック社長が最後に制作したのが「トラ・トラ・トラ！」となった。

「腹が立つね。まだ見ていないよ」と言い続けた黒澤はこの映画を見ないまま、解任事件から三〇年後の平成一〇年（一九九八年）九月六日、八八歳で死去した。

「黒澤明お別れ会」では、映画「乱」の一ノ城の「金の間」をモチーフにした黒澤組の美術監督村木与四郎デザインによる祭壇が仕付けられ、天皇陛下からの御供物が供えられた。挨拶に立った黒澤の長男久雄は「本当に良く生き、良く働いて、お疲れ様」と述べた。長女和子は「黒澤映画は永遠である。今も私の中に父が存在している」と後に語っている。

黒澤の死後、タイム誌は「黒澤天皇よ永遠なれ（Long Live the Emperor AKIRA KUROSAWA **1910-1998**）」と題する追悼特集記事（一九九八年九月二一日号）を載せた。

それは、黒澤が世界から注目されるきっかけとなった「羅生門」に遡って、多くのエピソードから始まっている。制作会社大映の永田雅一社長は、試写で、「何やら分らん」と言って、試写室を出た。公開された時には「全体が単調」、「筋が複雑すぎる」、「余りにも西洋的手法だ」等々と不評だったにも拘らず、一九五一年、ベネチア国際映画祭でグランプリが与えられた時、日本の映画批評家達は困惑した。敗戦で沈み、影が薄くなっていた日本が、この「羅生門」で世界に再登場したとタイム誌は指摘する。

タイム誌はさらに、黒澤作品が世界を魅了した原因の一つは、西洋古典を日本映画に翻案化したことにある、とも言う。ドストエフスキーの「白痴」、ゴーリキーの「どん底」（映画題名は共に同じ題名）、シェイクスピアの「マクベス」（映画名「蜘蛛巣城」）、「リヤ王」（映画名「乱」）がそうであって、これは映画という国際共通語によって雄弁に語られる物語となり、黒澤作品は西洋から借りたものを一〇倍にして西洋に返上したとしつつ、黒澤映画「七人の侍」が「荒野の七人」（ジョン・スタージェス監督、一九六〇年）に翻案化、「隠し砦の三悪人」が「スターウオーズ」に影響を与えたように、黒澤がハリウッド式スタイルの映画に与えた影響は、外国人の誰もが成し得なかった快挙だと指摘する。なお、最後にタイム誌は、「長年、作品を作り続けて来た黒澤は、聖なる終末を迎えた。彼の作品は、彼の記念碑であり、その作品は人々の心を虜にして、人生と戦い、死に直面する人生行路への教訓となろう」と結んだ。

「暴行」（マーチン・リット監督、一九六四年）は「羅生門」のリメイクであり、「用心棒」は、マカロニ・ウエスタンの「荒野の用心棒」（セルジオ・レオーネ監督、一九六四年）に盗用された。日本映画研究家オーディ・ボックは「黒澤明は翻案の天才だ。それが映画監督としての彼の最大の武器だ」と言った（『天気待ち』）。

「換骨奪胎」という言葉がある。黒澤は、歌舞伎の「勧進帳」から「虎の尾を踏む男達」を作り、能舞台の技術や音楽を「蜘蛛巣城」や「影武者」に生かしている。

なお、黒澤の「デルス・ウザーラ」撮影時にソ連に行った白井佳夫が先方の映画人に、「なぜ、あなた方は黒澤を偉大と思うのか」と尋ねると、「ドストエフスキーとゴーリキーをロシアの監督よりもロシア的にやったのはあの人だ。あの『白痴』と『どん底』を撮ったのだから凄い。ロシアの心を知っている」と応えたそうだ（『異説　黒澤明』）。

「作家は歴史の被告人だ。後世の人々によって裁かれ、歴史の名で審判を受ける。映画作品も本当の評価が定まるのは、百年か二百年後だ」。これは黒澤の言葉だ。

最後に、黒澤が松竹で映画を撮った時、助監督として黒澤から評価された野村芳太郎監督が橋本忍に言った次の言葉を挙げておきたい。

「『羅生門』なんて映画を撮り、外国でそれが戦後初めて賞など取ったりしたから、映画として無縁な思想とか哲学、社会性まで作品に持ち込むことになり、どれもこれも妙に構え、重い、しんどいものになってしまった。『羅生門』や『生きる』はなかった方がよかった。黒澤によけいな夾雑物（思想や哲学）がなく、純粋に映画の面白さを追求して行けば、彼はビリー・ワイルダー（「お熱いのがお好き」「アパートの鍵貸します」等の作品あり）やウイリアム・ワイラー（「ローマの休日」「ベンハー」等の作品あり）を足して二で割ったような監督になっていたはず。ワイルダーより巧く、大作ではワイラーより足腰が強靭で、絵が鋭く切れる。現在のような虚名に近いクロサワでなく、もっとリアルで現実的な巨匠になっていただろう」。

しかし、面白い映画の巨匠だけになり切れなかったところに黒澤の偉大さがあったのではないかと筆者は考える。

あとがき

二〇世紀半ばの一九三〇年代から四〇年前後の日本海軍は、太平洋を隔てて米海軍と対峙する有力な戦力を持ち、戦艦群こそ米海軍に一籌を輸す（劣る）ところがあったが、航空艦隊は米海軍に勝るとも劣らぬ力を誇っていた。この航空艦隊を以て乾坤一擲、米艦隊撃滅の大勝負に出たのが山本五十六聯合艦隊長官だった。山本については日本では誰一人知らぬ者はいないほど有名である。

二〇世紀後半、「世界のクロサワ」として、その名が世界中に轟いたのは映画監督黒澤明であった。日本海軍は壊滅し、日本映画界の斜陽が言われて久しい。その背景の消失によって山本や黒澤のようなこの分野の巨人は当分、日本には現れないだろう。

山本も黒澤も人気のある有名人だけに、二人に関する本は汗牛充棟と言えるほど多いのだが、二人を結びつけて書いた本は筆者の知る限り存在しなかった。山本は悲劇の人であり、黒澤も、映画の黄金時代に縦横に腕を揮い国際的な名声を得たものの、映画はやがて衰退期に入る。このような環境下で黒澤はハリウッド映画の中で光明を見出そうとしたが、ハリウッドと対立し「トラ・トラ・トラ！」の撮影途中で監督を降板させられるという辱めを受け、自殺未遂を起こすなどした悲劇の人であった。

この山本、黒澤の二人だけでなく、米海軍側太平洋艦隊長官キンメルや海軍作戦部長スタークも真珠湾攻撃のエスケープゴート化された悲劇の主人公だった。ルーズベルトが海軍次官当時、副官だったため、その後の経歴も平凡だったにもかかわらず、四六人の先任者を飛び越えてキンメルを太平洋艦隊長官に大抜擢して据えた米海軍独裁者ルーズベルト大統領の身びいきから生じたキンメルの悲劇、さらにキンメル同様、若い頃からの機縁でルーズベルト閥（ルーズベルト・サークル）に属していたことから自身の能力・見識に不相応な海軍作戦部長の重職に抜擢を受け、結局、米海軍史に汚名を残すスタークの悲劇。このような山本、黒澤、キンメル、スタークの悲劇物語を書けば、それなりの意味があるのではないか、と筆者はいつの頃からか考えるようになった。

そんな中で、二〇〇六年（平成一八年）に田草川弘氏による『黒澤明VSハリウッド―「トラ・トラ・トラ！」その謎のすべて』が刊行され、翌年には西村雄一郎氏の『黒澤明―封印された十年―』が出版された。この両氏の著作は山本と黒澤を結び付ける媒介・仲介になるのではないか、キンメルとスタークについては筆者が過去発表してきた米海軍提督伝が使えると考え、積年の筆者の希望実現へと筆を執ったのが本書である。

昭和の日本海軍では、温厚篤実の大勢順応型が評価され、創意工夫に富む者や反伝統派、直言剛直型は退けられる傾向にあった。そんな中で、従来からの伝統的大艦巨砲主義に疑問を持って航空重視主義をとり、滔滔たる世間の日独伊三国同盟の流れに剛直に反対態度を貫いたのが山本五十六。このような山本は昭和海軍の中では特異な存在の提督だったとしか言いようがない。そこが山本の魅力だ。

これに対して、真珠湾奇襲当時の米海軍作戦部長スタークにせよ、太平洋艦隊長官キンメルにせよ、どちらかと言えば凡庸な提督である。二人は海軍の大独裁者ルーズベルト大統領の強いバックアップでそのポストに就いた人物だ。当時の米海軍に見習うべきは、真珠湾奇襲を契機とし、戦闘能力本位、戦意旺盛の見地から主要海軍提督の首のすげかえをルーズベルトのリーダーシップで断行したことである。アーネスト・キングの合衆国艦隊長官任命、チェスター・ニミッツの太平洋艦隊長官任命はその人事の一つだった。その後も戦意不足として太平洋戦争初期に更迭された米海軍指揮官達は枚挙に遑《いとま》がない。日本海軍が能力や戦意に関係なく、士官名簿の順位によって、平時のままの人事を続けたのとは天地の差があった。

黒澤は大芸術家に共通の、常人とは異なるキャラクターを持っており、我々を惹きつけて已まぬところがある。本書を執筆中、筆者らの年代には思い出の深い二〇世紀フォックスの名画「怒りの葡萄」「わが谷は緑なりき」「荒野の決闘」「真昼の決闘」などの映画名が出て来て、なつかしい限りであった。これらの名画や黒澤作品をＤＶＤで観て執筆の疲れを癒したのも思い出になった。

本書では多くの人物が登場する故、それぞれの章や節で詳細な引用文リストを付けると煩雑になってしまう。映画「トラ・トラ・トラ！」の企画から撮影、そして黒澤の挫折までの部分に関して、特に上記『黒澤明VSハリウッド―「トラ・トラ・トラ！」その謎のすべて』に多くを参照し引用させて戴き、また『黒澤明―封印された十年』を参照した部分が多かった。この二書も含め、参考・引用した文献は、例外を除き巻末の参考文献表で表示し、それを以て詳細な引用文献表に代えさせてもらうこととした。参考文献欄で示させてもらった黒澤関係、山本関係、米海軍関係の著作者諸賢の御海容を乞う次第である。

本書の刊行にあたっては芙蓉書房出版社長の平澤公裕氏には種々格別のご配慮を頂いた。記して感謝の意を表したい。

伊丹市の聴雨山房にて

谷光　太郎

平成二九年八月

参考文献

《黒澤明関連》

■黒澤明と「トラ・トラ・トラ！」関連

『黒澤明VSハリウッド―「トラ・トラ・トラ！」その謎のすべて―』田草川弘、文藝春秋、二〇〇六年
※多くの米側資料を用い、副題の通り、黒澤明と「トラ・トラ・トラ！」を知るには不可欠の文献。
「黒澤明『もう騙し討ちとは言わせない』」田草川弘、『文藝春秋』二〇〇一年七月号
※「トラ・トラ・トラ！」の企画スタートから撮影開始までの二年間、黒澤の身近にいて仕事の手伝いをした田草川弘氏のエッセイ。
『黒澤明―封印された十年』西村雄一郎、新潮社、二〇〇七年
※黒澤関係研究書の多い著者は「トラ・トラ・トラ！」に関わった黒澤本人や、吉田善吾海相役をやる予定だった宮口精二に直接会って、エピソードを拾っている。またアメリカ側のザナック社長やプロデューサー・エルモ、脚本家フォレスター、監督のフライシャー関連の記述も興味深い。
『黒澤明集成Ⅲ』キネマ旬報社、一九九三年四月。
※『キネマ旬報』一九六九年二月下旬号から一九七〇年一〇月下旬号まで一年八カ月に亘って連載された「トラ・トラ・トラ！」撮影関連のルポタージュを全編採録したもの。
『黒澤明「乱」の世界』伊東弘祐、講談社、一九八五年
※映画担当記者だった著者は友人の記者から勧められて「トラ・トラ・トラ！」の日本側宣伝担当

となって、黒澤降板までそのポストにあった人。米国側宣伝担当との交流の記述もあり興味深い。

『異説　黒澤明』文藝春秋編、文春文庫、一九九四年
※第Ⅱ部第一章「ハリウッド資本との提携の挫折」において映画評論家三人による座談会があり白井佳夫が中心になって「トラ・トラ・トラ！」問題の経緯を論じている。
『トラ・トラ・トラ―真珠湾奇襲秘話―』ゴードン・W・プランゲ、日本リーダーズダイジェスト社、一九六六年。
※メリーランド大学歴史学教授の著書。A四判三九一頁の豪華本。
「鮮やかに生きた昭和の一〇〇人」『文藝春秋』九〇周年記念五月臨時増刊号、二〇一三年
※「トラ・トラ・トラ！」の降板問題に関して、「根本は編集権の問題だった」との黒澤の言葉を紹介。

■黒澤明の精神病理分析

『黒澤明の精神病理』柏瀬宏隆・加藤信、星和書店、二〇〇二年
※黒澤の徹底した完璧主義、粘着力等を精神病理から分析したもので、黒澤を知るには必読文献。

■黒澤の自著ないし黒澤の言葉など

『悪魔のように細心に！天使のように大胆に！』黒澤明、東宝映画、一九七五年
『影武者』黒澤明、講談社、一九七九年
『蝦蟇の油―自伝のようなもの―』黒澤明、岩波書店、一九八四年
※生い立ちから「羅生門」までの自伝。黒澤を知るための基本文献。

『黒澤明語る。聞き手原田真人」黒澤明・原田真人、福武書店、一九九一年
『黒澤明「七人の侍」創作ノート』黒澤明、文藝春秋、二〇一〇年
『黒澤明―絵画に見るクロサワの心―』黒澤明、角川文庫、平成二二年
※黒澤後期作品の「影武者」、「乱」、「夢」、「八月の狂詩曲」、「まあだだよ」、それに黒澤が脚本を書いて熊井啓監督の「海は見ていた」の絵コンテから選んだ絵画集。黒澤の絵画才能を知るのに便利。
『黒澤明の遺言』都築政昭、実業之日本社、二〇一二年

■黒澤関連基本資料

『全集黒澤明（一）～(六)』岩波書店、一九八八年
『大系黒澤明（一）～(四)、(別巻)』浜野保樹、編・解説、講談社、二〇一〇年

■黒澤関連資料

『黒澤明の世界』佐藤忠男、三一書房、一九六九年
『黒澤明―その人間研究―（上）（下）』都築政昭、発売すばる書房、発行インタナル㈱出版部、一九七六年
『黒澤映画の美術』編集横山征次他、学習研究社、一九八五年
※映画「乱」撮影のため特別作った衣装（男女用）、大道具（城や城門）小道具、太刀、火縄銃、櫃、漆器、几帳、扇、鎧兜、陣羽織など、恰も美術品の如き品々がカラー写真で見ることが出来る。映画監督スピルバーグ、コッポラ、ルーカスからの黒澤への熱い思いのメッセージがある。
『黒澤明集成Ⅰ』キネマ旬報社、一九八九年

『黒澤明集成Ⅱ』キネマ旬報社、一九九一年
『黒澤明解題』佐藤忠男、岩波書店、一九九〇年
『黒澤明伝』三国隆三、展望社、一九九八年
『巨匠のメチエ―黒澤明とスタッフたち―、インタビュー集』西村雄一郎、フィルム・アート社、一九九八年。
※以下の黒澤と関連ある人々へのインタビュー集　脚本：井手雅人、助監督：森谷司郎、美術：村木与四郎、衣裳：ワダ・ミエ、撮影：斉藤孝雄、照明：佐野武治、音楽：武満徹
『黒澤明、音と映像』西村雄一郎、立風書房、一九九八年
『黒澤明「一作一生」全三〇作品』都築政明、講談社、一九九八年
『黒澤明の世界―ありがとうクロサワ―』野口正信編、毎日新聞社、一九八八年
『黒澤明と「七人の侍」』都築政昭、朝日ソノラマ、一九九九年
『黒澤明と「赤ひげ」』都築政昭、朝日ソノラマ、二〇〇〇年
『黒澤明を求めて』西村雄一郎、キネマ旬報社、二〇〇〇年
『黒澤明・天才と苦悩の創造』野上照代編、キネマ旬報社、二〇〇一年
『炎の映画監督・黒澤明伝』園村晶弘、中村真理子、小学館、二〇〇一年
『黒澤明と早坂文雄』西村雄一郎、筑摩書房、二〇〇五年
『映画を愛した二人―黒澤明と三船敏郎―』阿部嘉典、報知新聞社、二〇〇六年
『黒澤明という時代』小林信彦、文藝春秋、二〇〇九年
※映画は封切られた時に観なければ駄目だという著者が、ビデオやＤＶＤでなく黒澤作品をリアルタイムで観てきた全黒澤作品論。

『黒澤明チルドレン』西村雄一郎、小学館文庫、二〇一〇年
「黒澤明―その作品と顔」『キネマ旬報』四月号増刊、第三三八号、一九六三年三月
「黒澤明、三船敏郎、二人の日本人『赤ひげ』―」『キネマ旬報』別冊一〇、一九六四年九月
「(「デウス・ウザーラ」製作記念特集)」『キネマ旬報』増刊五・七号、一九七四年五月
『日本映画の巨人　黒澤明』筑摩書房編集部、筑摩書房、二〇一四年

■娘から見た黒澤

『パパ　黒澤明』黒澤和子、文藝春秋、二〇〇〇年
『黒澤明の食卓』黒澤和子、小学館文庫、二〇〇一年
※肉親家族から見た黒澤の家庭内のことが分って興味深い。
『回想　黒澤明』黒澤和子、中公新書、二〇〇四年
『黒澤明「生きる」言葉』黒澤和子、ＰＨＰ研究所、二〇〇七年

■黒澤家で同居したことのある者が見た黒澤

『黒澤明のいる風景』島敏光、新潮社、一九九一年
※黒澤家に住んだこともある黒澤の甥が黒澤の日常のエピソードを書いたもの。
『クロサワさーん！―黒澤明との素晴らしき日々―』土屋嘉男、新潮社、一九九九年
※黒澤家に一年半居候し、黒澤映画に数多く出演した俳優が見た家での黒澤像。

■助監督から見た黒澤

『評伝　黒澤明』堀川弘通、毎日新聞社、二〇〇〇年

■スクリプター（記録係）から見た黒澤

『天気待ち―監督・黒澤明とともに―』野上照代、文藝春秋、二〇〇一年

『もう一度　天気待ち―監督・黒澤明とともに―』野上照代、草思社、二〇一四年

※長年黒澤のスクリプター（記録係）を務めた著者による間近に見た黒澤像。

■シナリオライターから見た黒澤

『複眼の映像―私と黒澤明―』橋本忍、文藝春秋、二〇〇六年

※橋本のシナリオライターとしての出発点や「羅生門」脚本のこと等、興味深い。

■菊池寛と黒澤

菊池寛は才能ある若い人に金銭的援助を惜しまなかった。後に名を残す多くの文人を支援し「文壇の大御所」と呼ばれた。小説家志望者の発表の場として雑誌『文藝春秋』を創刊したことでも知られる。助監督時代の黒澤の脚本を大映社長として菊池は何点も買い上げて黒澤を援助した。

『菊池寛急逝の夜』菊池夏樹、白水社、二〇〇九年

『菊池寛と大映』菊池夏樹、白水社、二〇一一年

※大映社長となった菊池寛のシナリオ重視の姿勢が書かれている。

『昭和モダニズムを牽引した男―菊池寛の文芸・演劇・映画エッセイ集―』菊池寛、清流出版、

二〇〇九年、

■その他
『宮川一夫の世界、映像を彫る』渡辺浩、ヘラルド出版、一九八四年
※「羅生門」撮影時の宮川キャメラマンの苦心を描いている。
『シナリオ人生』新藤兼人、岩波新書、二〇〇四年
『私の渡世日記（上）』高峰秀子　朝日新聞社、一九七六年
※若き日の黒澤と高峰秀子のことが分る。
『戦中派虫けら日記』山田風太郎、未知谷、一九九四年

《山本五十六関連》
■真珠湾奇襲関係
『海軍航空隊始末記（発進篇）』源田實、文藝春秋、一九六一年
『海軍航空隊始末記（戦闘篇）』源田實、文藝春秋、一九六二年
『開戦と終戦』富岡定俊、毎日新聞社、一九六八年
『真珠湾作戦回顧録』源田實、読売新聞社、一九七二年
『連合艦隊の栄光と終焉』草鹿龍之介、行政通信社、一九七二年
『風鳴り止まず』源田實、サンケイ出版、一九八二年
『加瀬俊一回想録―天皇裕仁と昭和外交六〇年―（上）』山手書房、一九八六年
『真珠湾攻撃　その予言者と実行者』和田頴太、文藝春秋、一九八六年

『真珠湾攻撃総隊長の回想―淵田美津雄自叙伝―』淵田美津雄、講談社、二〇〇七年
「特集＝プロジェクトとしての『真珠湾』」『プレジデント』一九八六年一二月号

■山本五十六関係

『山本元帥前線からの書簡集』広瀬彦太編、東兆書院、一九四八年
『人間山本五十六』反町栄一、光和堂、一九七八年
『山本五十六と米内光政』高木惣吉、文藝春秋、一九五〇年
『山本五十六』阿川弘之、新潮社、一九六九年
『海軍の家族―山本五十六元帥と父三和義勇と私たち―』三和多美、文藝春秋、二〇一一年。
※「山本元帥の思い出」が含まれている。
『決断の研究　五人の提督』佐藤和正、講談社、一九八五年。
『コンビの研究―昭和史のなかの指揮官と参謀―』半藤一利、文藝春秋、一九八八年

■太平洋戦争関連

『太平洋海戦史』高木惣吉、岩波新書、一九四九年
『日本海軍驕りの始まり』千早正隆、並木書房、一九八九年
『自伝的日本海軍始末記』高木惣吉、光人社、一九七一年
『昭和戦争史の証言』西浦進、原書房、一九八〇年
『海軍戦争検討会議記録―太平洋戦争開戦の経緯―』新名丈夫編、毎日新聞社、一九七六年
『帝国海軍―提督達の遺稿（上）（下）―小柳資料―』財団法人「水交会」、二〇一〇年

『提督小沢治三郎伝』提督小沢治三郎伝刊行会編、原書房、一九九四年
『ソロモンに散った聯合艦隊参謀─伝説の海軍軍人樋端久利雄─』高嶋博視、芙蓉書房出版、二〇一七年
『日本海軍の伝統・体質』兵術同好会編集、兵術同好会発行（非売品）平成二年。
※昭和の日本海軍人事の問題点を分析したもの。潔ぎよさを尊ぶ反面、情緒的、雷同的で執拗・強靭な耐久力を苦手とする日本人の体質・国民性は、日本海軍の体質にも影響していると指摘し、評価基準も温厚篤実を尊び、従って覇気あり創意工夫に富む者よりも大勢順応型を重用する傾向があった、とする。平時の官僚的組織ではそれでいいが、太平洋戦争ではこれの欠陥が露呈した。

■太平洋戦争時の米海軍関係者

映画「トラ・トラ・トラ！」は日米両海軍の視点から真珠湾奇襲を描くもので、米海軍関係者の概略や、米海軍の大独裁者だったフランクリン・ルーズベルト大統領の概略を知っておくことが不可欠。

『米海軍提督と太平洋戦争』谷光太郎、学習研究社、二〇〇〇年
『アーネスト・キング─太平洋戦争を指揮した米海軍戦略家─』谷光太郎、白桃書房、一九九三年
『米海軍戦略家キングと太平洋戦争』谷光太郎、中央公論新社、二〇一五年
『情報敗戦』谷光太郎、ピアソン・エデュケーション、一九九九年
『ルーズベルト一族と日本』谷光太郎、中央公論新社、二〇一六年
『米海軍から見た太平洋戦争情報戦』谷光太郎、芙蓉書房出版、二〇一六年

Admiral Harold R. *Stark : Architect of Victory, 1939-1945*, By B. Mitchell Simpson III, University of South Carolina Press, 1989.

※真珠湾奇襲時の海軍作戦部長スタークは更迭され、目だった活躍はなかったので伝記類は少ない。これはスタークの数少ない伝記である。

キンメルについては資料がほとんどないので次を参照した。

Dictionary of American Military Biography Vol. II, edited by Roger J. Spiller, Greenwood Press, 1984.

著者
谷光 太郎（たにみつ たろう）
1941年香川県生まれ。1963年東北大学法学部卒業。同年三菱電機入社。1994年山口大学経済学部教授。2004年大阪成蹊大学現代経営情報学部教授。2011年退職、現在に至る。
著書に、『米海軍から見た太平洋戦争情報戦』（芙蓉書房出版）、『ルーズベルト一族と日本』（中央公論新社）、『米軍提督と太平洋戦争』（学習研究社）、『情報敗戦』（ピアソン・エデュケーション）、『敗北の理由』（ダイヤモンド社）、『海軍戦略家マハン』（中央公論新社）、『海軍戦略家キングと太平洋戦争』（中公文庫）、『統合軍参謀マニュアル』（翻訳、白桃書房）などがある。

黒澤明が描こうとした山本五十六
——映画「トラ・トラ・トラ！」制作の真実——

2017年10月15日　第１刷発行

著 者
谷光《たにみつ》 太郎《たろう》

発行所
㈱芙蓉書房出版
（代表 平澤公裕）
〒113-0033東京都文京区本郷3-3-13
TEL 03-3813-4466　FAX 03-3813-4615
http://www.fuyoshobo.co.jp

印刷・製本／モリモト印刷

ISBN978-4-8295-0719-3

米海軍から見た太平洋戦争情報戦
ハワイ無線暗号解読機関長と太平洋艦隊情報参謀の活躍
谷光太郎著　本体 1,800円

ミッドウエー海戦で日本海軍敗戦の端緒を作ったハワイの無線暗号解読機関長ロシュフォート中佐、ニミッツ太平洋艦隊長官を支えた情報参謀レイトンの二人の「日本通」軍人を軸に、日本人には知られていない米国海軍情報機関の実像を生々しく描く。

ソロモンに散った聯合艦隊参謀
伝説の海軍軍人樋端久利雄
髙嶋博視著　本体 2,200円

山本五十六長官の前線視察に同行し戦死した樋端久利雄（といばなくりお）は“昭和の秋山真之”“帝国海軍の至宝”と言われた伝説の海軍士官。これまでほとんど知られていなかった樋端久利雄の事蹟を長年にわたり調べ続けた元海将がまとめ上げた鎮魂の書。

極東の隣人ロシアの本質
信ずるに足る国なのか？
佐藤守男著　本体 1,700円

リュシコフ亡命事件、張鼓峯事件、葛根廟事件、三船殉難事件、大韓航空機007便撃墜事件。1930年代からの日本とソ連・ロシアの間で起こったさまざまな事件の分析を通して、ロシアという国の本質に迫る！

ダライ･ラマとチベット
1500年の関係史
大島信三著　本体 2,500円

2014年にダライ・ラマ14世が「転生相続システム」廃止発言。今チベットから目が離せない！　現在の14世と先代13世を中心に、古代チベット王国までさかのぼって歴代ダライ・ラマの人物像を描く。明治・大正期にチベットを目指した河口慧海、能海寛、寺本婉雅、成田安輝、青木文教、多田等観、矢島保治郎なども取り上げる。